# 勉強嫌いな子でも一流難関大学に入れる方法

竹内健登
Kento Takeuchi

日経BP

# まえがき　今、上位大学合格のセオリーが変わろうとしている

「早稲田・慶應の一般入試の問題の傾向が、**数年前と比べて大きく変わった**」

「暗記や知識詰め込み型の勉強が得意な高校生は、今後、**上位大学に合格できなくなる**」

「**偏差値が低いにもかかわらず**、早・應・上智などの上位私大や筑波などの旧帝大の上位国公立大学に**合格する人が、最近、急に増えている**」

こんな話を聞いたら、きっと多くの親御さんはびっくりすると思います。自分たちの頃は、大学受験といえば塾通いをして、1日10時間とか12時間勉強することが当たり前でした。そうして英単語や古文、世界史・日本史の知識を徹底的に暗記することで、やっと難関大学に入れたのですから。

しかし最近は、**「そんなこと」をしなくても上位大学に入れる**人が増えています。

このようにお伝えすると、一部の親御さんは、「大学受験のレベルも落ちたものだ」「今の高校生はラクでいいなぁ」という印象を受けるかもしれません。

しかし、ことはそう簡単ではありません。この大学入試の変化は、すなわち、**大学側が評価する人材の定義が変わってきている**ということ。大学入試というゲームのルールが変わったことに他なりません。

ルールが変わるということは、それまで勝てていた人が勝てなくなる——つまり、親御さんの常識で**「塾通いで1日10〜12時間勉強して、徹底的に知識をたたき込んで」も、合格できなくなってきている**ということです。

そして、逆にそれまで負けていた人が勝ち始めているのです。

## 劇的な入試改革　なぜ変わる？　どう変わる？

なぜ、大学入試というゲームのルールが変化しているのでしょうか。

## まえがき

# 今、上位大学合格のセオリーが変わろうとしている

背景にあるのは、文部科学省が行なっている「高大接続改革」——高校での学び・大学入試・大学での学びを一体化した教育改革です。

文科省は、これからの教育は「1　知識・技能」「2　思考力・判断力・表現力」「3　主体性を持って多様な人々と協働して学ぶ態度」が大切であると考え、これら3つを「学力の3要素」と定義しました。

入試の出題傾向の変化は、まさにこの定義にのっとったものです。**この3要素が評価されるような問題が増えた**結果、暗記が得意な「ガリ勉タイプ」が落ち、そうではない高校生が上位大学に合格するようになってきたのです。

特に**2021年度から導入された大学入学共通テストでは、この傾向が顕著**に見られます。

英語では発音や単語などの単純な語彙《ごい》問題は消滅し、代わりに日常生活で使う英会話が出題されました。国語においては物語と評論の2つの文章を見比べることで答えを見つけるという「メタ認知」を測る問題が出題されました。

英語・国語・数学に限らず理科や社会も含めた全般で、「読み取らないといけない文章・グラフ・表」が増え、試験時間が増加しています。

これはつまり、**「知識や情報を持っているか」ではなく、「それらを活用して考える力があるか」を評価する形態に変わってきた**ということ。かつては難関国立大学の2次試験に求められた能力に近いものが、暗記偏重型で有名だった早慶の2次試験においても増加しているのです。実際、２０２１年に慶應義塾大学で出題され、話題となった、

> あなたが不条理だと思うことについて記載し、どうすればそれを解決できるか論じなさい。

を筆頭に、**答えのない問いについて考えさせ、その解決法を表現させる問題が不可避になりつつある**のです。

今後、この流れは一気に加速するでしょう。なぜなら、２０２２年度からは高校での学習指導要領が新しくなり、この学力の3要素を重視した授業が展開されているからです。

特に２０２４年度の入試は、新しい学習指導要領で学んできた高校生が受験する最初の入試です。従来のものからガラッと変わることが予想され、すでに多くの大学では入試問

題の変更について協議がなされているのです。

## 大事なお子さんの入試対策——誰に学ぶのが最適か？

のっけから厳しいことを申し上げ、不快になられた方がいたら申し訳ありません。

しかし、本書を手に取ってくださっている親御さんには釈迦《しゃか》に説法《せっぽう》かもしれませんが、**大学受験はその先の就職や人生設計に関わる、お子さんにとっての非常に大きなターニングポイント**です。それなのに、実に多くの方が、冒頭で紹介した「過去の常識」にとらわれて、

「受験対策？　とにかく勉強、机に向かって問題集を解きなさい！」

「予備校に行っていれば大丈夫でしょ！」

など、**誤ったアドバイスをしてしまっているのが現状**です。

古い常識にとらわれた誤ったアドバイスで努力を強《し》いる——それで結果が出ればまだいいですが、その先に待つのが、**見当違いな対策による不合格だとしたら……。その悪影響**

**は計り知れません。**

実際、私は「ホワイトアカデミー高等部」という、高校生向けの大学受験指導塾を運営していますが、そこで最初に行なうのは、この「見当違いな対策」の軌道修正です。従来の予備校や塾とは、教えている内容が根本から異なります。

そうした取り組みは、２０２０年度の志望校合格率１００％、２０２１年度の95％という実績となって現れていますが、これは単純に、大学入試の新しい方式を分析し捉え、対応する授業を実施してきたからだと思います。

本書でこれから解説していくのも、まさに、**「どうすれば、高校生のお子さんが志望校、特に上位大学に入れるのか？」「お子さんの受験のために、親御さんには何ができるのか？何をすべきか？」**ということです。

また同時に、「就活、そしてその先の将来を見据えた受験戦略」についても、しっかりご説明していきます。

大学受験は、いうまでもなく、お子さんの人生にとっては通過点の1つです。「志望校に入学したらそれでおしまい」というものではなく、そこから未来へと道は続いていきます。

そして、多くのお子さんにとっては、大学受験の次に訪れる大きな関門は、就活です。

私はもともと、デロイト トーマツ グループという人事系コンサルティング会社に入社し、企業の新卒採用や研修に関わってきました。その経験を生かして立ち上げたのが、就活塾ホワイトアカデミーという「就活で大手ホワイト企業に行くための塾」です。

このように、受験と就活をセットにした進路指導をしているからこそわかることなのですが、昨今の就活で求められている能力と、本書で取り上げる新しい入試方式で求められている能力は酷似《こくじ》しているのです。

そのため、大学受験の先のことを考える際にも、本書の内容はぜひ知っておいて損はないと思います。

また、この大きな受験改革は今後しばらく継続することは間違いありませんから、高校生のお子さんだけでなく、中学生のお子さんの親御さんにも、お役立ていただけるはずです。

## 本書で取り上げること、取り上げないこと

現在、私のもとには、文理選択・大学選び・受験戦略・就職など多岐にわたる相談をいただいています。本書では、そうしたご相談の内容や過去の塾生の進路データをもとに、よりリアルな受験戦略について記載しています。具体的な内容について、ここで簡単に説明しておきます。

**第1章**では、「そもそも、よい大学とは何か?」という根本的な問いからスタートします。多くの親御さん・お子さんは、いい大学・そうでない大学を単なるイメージで捉えているようです。例えば、「GMARCH（学習院大学「G」、明治大学「M」、青山学院大学「A」、立教大学「R」、中央大学「C」、法政大学「H」）以上に行けば就職では潰《つぶ》しが効く」という、よくある言説もその1つでしょう。

しかし、イメージはあくまでイメージで、実像を知らずにその大学を目指しても仕方がありません。また、イメージのままだとモチベーションにつながりにくいお子さんもいるのではないでしょうか。さらにいえば、ある子どもにとっての「いい大学」が、別の子に

とっても「いい大学」とは限りません。

そこでこの章では、具体的な検証を通して、「いい大学」について考えます。

「うちの子は中堅高校だし、部活部活で成績がいいわけでもないし……どこの大学に行くのがいい？」

「そもそも、無理をしてでも上位大学を目指すメリットはあるの？」

「1人目の子どもの受験は本当に大変だった。2人目も同じ苦労を繰り返すの？」

「やりたいことがまだ決まらない。どの大学に行かせるべき？」

といった悩みにも答える内容になっていますので、そうした疑問をお持ちの方もぜひ、この章から読んでください。

**第2章**では、「今の時代に最適な受験戦略」を解説します。先ほど説明した高大接続改革によって、大学入試は親御さんのときとは様変わりしています。加えて、現在は「入試の方式」も複数あります。まずは最新の入試の知識を身につけておきましょう。

**第3章**では、お子さんのタイプ別に、どの入試方式が向いているのかを考えます。志望

校を選んだ後に考えるべきは、

**「お子さんにとって、どの入試の方式が一番勝てる可能性が高いのか」**

ということです。方式を知らずに「とにかく受験勉強」と決めつけてしまえば、それだけお子さんがリスクを背負い、苦労を強いられることになるのです。

そこでこの章では、お子さんのタイプに応じた入試方式の選び方についても、目下進行中の大学入試改革のトレンドを踏まえてご紹介していきます。

**第4〜7章**では、「提出書類・小論文」「面接・口頭試問」「基礎学力」「集団討論」という4つの切り口から、上位大学合格法——たとえ勉強嫌いな子でも、上位大学に合格するための、アピール入試の攻略法——と求められるレベル感をお伝えしていきます。

今後、一般入試はより高難度化し、合格枠も減少し続けていくことが見込まれます。どんなに知識を詰め込んだとしても、上位大学の一般入試では、灘《なだ》高等学校や開成高等学校などの超進学校の生徒の独壇場《どくだんじょう》となっていくはずです。

「合格」という少ない椅子を、もともと地頭がよく、さらにそこからハイレベルな教育を受けている彼らと奪い合わなければいけない。つまり**一般入試に関しては、文科省の改革とは反対の方向に変化する——一部のエリート高校以外の高校生は突破しにくくなる——**

**ことは確実**です。

では、どうしたらいいのか？　その答えが、**総合型選抜**（旧ＡＯ《アドミッション・オフィス》入試）や**学校推薦型選抜**です。

これらの方式では、「学問への熱意（「こんなことを学びたい」という気持ち）」や「主体性・多様性・協働性」が評価されますから、単純な知識量・詰め込み量での戦いではなくなります。冒頭で紹介した「偏差値が低いのに、早稲田・慶應・上智などの上位私大や旧帝大・筑波大学などの上位国公立大学に合格する人が最近増えている」という事実は、この入試方式で合格している生徒が年々増えているということなのです。

総合型選抜や学校推薦型選抜では何が評価されるのか、どんな対策が必要か、どんな子が合格するのか。それをじっくり理解してください。

また、それぞれの章では、**実際の合格事例**も紹介します。合格者の志望動機や作文などを見ながら、具体的なイメージと求められるレベル感をつかんでください。受験のサポートとして何をしたらいいか迷っている方にも、参考にしていただけると思います。

**第8章**は、お子さんの受験のために**親御さんにできること・すべきこと**です。

本書を手に取ってくださっている方にとって、お子さんの大学受験は、自分事以上に気になることかもしれません。しかし、だからといって過度に干渉してはお子さんのやる気をくじくことにつながります。反対に必要なサポートもしなければ、お子さんは孤独な戦いを強いられることになってしまうでしょう。

受験制度の変化に伴い、親御さんに求められる役割も変わってきています。この章を参考にして、お子さんとの関わり方を決めていただければと思います。

最後に**第9章**では、お子さんの受験に際して、よくお問い合わせいただく質問と、その回答をまとめてお伝えします。進路のこと、大学選びのこと、学部のこと、就職のことなど、リアルな話・込み入った話を含めて記載していますので、具体的な悩みを抱えている方はまずはここからご覧ください。

念のため、本書では取り上げないことも、ここで記しておきます。

まず本書で取り上げないことは、特定の大学の一般入試の出題傾向やその突破法です。ご覧の通り、本書は「猛勉強（暗記）→一般入試」という「大学受験の思い込み」を捨て、新しい制度に合わせた突破法をお伝えしていくことを目的としています。そのため、同様に「模擬試験の成績を上げる方法」「偏差値を上げる方法」などを記すつもりはありません。また、一般的な勉強法や記憶力を高める方法なども、本書では取り上げません。

もし、本書を読んだうえで、「それでも我が子は一般入試だ」と思われたなら、そのときは、他の参考書や過去問題集、あるいは予備校に当たってください。

一般入試のことはほとんど取り上げない分、総合型選抜や学校推薦型選抜に関しては、本書1冊で十分な備えができるように、可能な限り詳しく、すぐ役立つ形で紹介していきます。こうした目的を理解したうえで読み進めていただければ幸いです。

## 受験改革はピンチか、チャンスか？　それは備え次第

この受験の大変革は、実際のところ、大きなチャンスに他なりません。

大変革を知っているか。そしてきちんと対策を立てられるか。

それだけで、これまで、

「うちの子は一般受験は厳しそう」

「超進学校に通っているわけじゃないから、いい大学は行けないよね……」

「部活ばっかりやっているから、浪人しないと上位校は無理だろう」

というご家庭には、**思ってもいなかったミラクルが生まれる可能性**があるのです。

一方で、

「小さい頃から塾で勉強をしてきたから大丈夫」

「文系だし、高３から本気で受験勉強を頑張れば、ＧＭＡＲＣＨには行けるでしょ」

「これまで受験も定期テストも丸暗記でなんとかしてきたのよねぇ」

「我が子は一夜漬けの追い込み型だから、ギリギリになってから頑張って、行けるところに行くしかない」

というご家庭は、かつてないリスクに直面することになるでしょう。

これが今、大学入試で起こっている地殻変動なのです。

本書が日本の未来を担う子どもたちの、よりよい進路選択と希望の未来につながれば、これ以上の喜びはありません。

# 目次

第2章

## 上位大学に合格するための2つのルート

## 第5章

# アピール入試で上位大学に合格する方法
## 面接・口頭試問編

## 第6章

# アピール入試で上位大学に合格する方法

## 基礎学力編

第8章

# 上位校に合格するために「親」ができること・すべきこと

# 第 1 章

# これからの「いい大学」と「学歴の意味」

## 「高学歴は高年収」――このイメージの実態は？

いきなりですが、次のページの表を見てください。

この表は、転職口コミサイトOpenWorkを運営する「働きがい研究所」が、50件以上データのあった大学291校、24万6134人を対象データとして集計し、各大学出身者の年収と年齢の分布から30歳時想定年収を算出したものです（大学院は除きます）。

ご覧の通り、一般的に「偏差値が高くて、入学するのが難しい」といわれている大学ほど、30歳時の年収が高い。**偏差値上位の大学に入る人ほど高い年収を得やすい**、というのは、ひとつの統計的事実といえます。

お子さんの未来を考えて本書を手に取ってくださっている親御さんの中には、「お金はないよりはあったほうがいい」というのに反対される方はいないと思います。

## 出身大学別年収ランキング

| | 大学名 | 30歳時想定年収(万円) |
|---|---|---|
| 1 | 東京大学 | 761 |
| 2 | 一橋大学 | 707 |
| 3 | 慶應義塾大学 | 676 |
| 4 | 京都大学 | 666 |
| 5 | 東京工業大学 | 645 |
| 6 | 早稲田大学 | 621 |
| 7 | 大阪大学 | 612 |
| 8 | 東北大学 | 604 |
| 9 | 防衛大学校 | 603 |
| 10 | 神戸大学 | 601 |
| 11 | 国際基督教大学 | 598 |
| 12 | 横浜国立大学 | 594 |
| 12 | 名古屋大学 | 594 |
| 14 | 筑波大学 | 586 |
| 14 | 上智大学 | 586 |
| 16 | 名古屋工業大学 | 585 |
| 17 | 東京理科大学 | 580 |
| 18 | 九州大学 | 574 |
| 19 | 北海道大学 | 570 |
| 20 | 東京外語大学 | 567 |

□国公立　▩私立

出典：https://www.vorkers.com/hatarakigai/vol_99
※2018年3月～2022年6月

ではなぜ、このような差がつくのでしょうか？

その答えは、**「出身大学による、就職先の選択の幅」**にあります。端的にいえば、**東大卒の人のほうが、その他の大学の卒業者よりも給料の高い会社や仕事に就職しやすい**――これこそが、私が運営する就活塾「ホワイトアカデミー」で、毎年数百人の大学生の就活指導を行ない、就活の軌跡や内定先を見ていく中で如実に感じている現実なのです。

メディアではよく、「ジョブ型」「テクノロジーの進展やグローバル化で日本の働き方は変わった」などと叫《さけ》ばれています。

しかし実際は、日本では職務を決めて給料を支払うジョブ型よりも、会社という組織に入って様々な業務を経験できるメンバーシップ型をとっている会社がいまだに主流です。なぜなら、「解雇権乱用の法理」、端的にいうと「正社員で雇ったらクビにはできない」という法律があるからです。そのため、ある仕事を任せた際にパフォーマンスが悪くても別の仕事にアサインするなどの措置をとれるメンバーシップ型が好まれます。そしてメンバーシップ型の会社の人事は新卒採用がセットになります。

新卒採用では未経験の若者を採用して育てることが前提となっていますので、「今後、高度な業務や新しい業務を教えたときに、それをキャッチアップできるだけのＩＱを有した人材」が求められることになります。ＩＱと学歴は相関すると考えられていますので、学歴主義的な傾向はやはり変わっていませんし、むしろ昨今の複雑化・高度化した社会においてはそれが以前よりも強くなってきてさえいると私は感じています。

もちろん、ＩＴ業界のように、有しているスキルで年収が大きく変わるような業界もあります。また、営業会社のように販売量によるコミッションが給与に大きく影響する会社もあるでしょう。しかし、新卒を総合職採用している会社の大半はメンバーシップ型であり、それぞれの会社でのそれぞれの人事評価制度が組まれているため、結果的に「人事評価制度的に給与水準の高い会社に入れるか（＝メンバーになれるか）」のほうが、労働者の賃金に大きな影響を及ぼしているのが実態です。

転職を経験した方ならばおわかりかと思いますが、ある能力を持った人でも、別の会社に転職しただけで、給料が上がったり下がったりすることは普通にありますよね。**会社員の給料は、個人の能力以上に勤める会社のビジネスモデル、そしてそこで導き出される人事評価制度によって決められている**のです。

「給与水準の高い会社に入れるかどうか」と学歴は切り離して考えられるものではありません。その点を踏まえれば、先ほどのランキングは、当然の結果といえるでしょう。

## 採用実績のない大学の学生は採用されにくい、企業の採用メカニズム

**「より上位の大学を卒業したほうが、就職先を選びやすい。高収入の企業に就職しやすい」。**この傾向に拍車をかけたのが、**インターネットの普及による「公募制」の就活**です。実は先ほどの「上位校卒→高給取り」の関係性が表立ってきたのは、ここ十数年の話です。

インターネットが普及する以前は、企業はそれぞれ「採用ターゲット校」を定め、「積極的に採用したい大学」と「その学生」に向けて選考案内を送付したりして採用活動を行なっていました。

そのため、多くの学生は、「選考案内が送られてきた学生」と戦うだけで内定をつかむことができました。しかし今は、条件を満たす人ならば誰でも応募できてしまうため、自分より上位の大学出身者と競わなければならなくなってしまっています。

これによって「選考倍率１００倍超が当たり前」という大企業が続出したことは拙著『子どもを一流ホワイト企業に内定させる方法』で記載した通りです。

さらに、インターネット普及前は、「採用ターゲット校」が表に出ることはなく、「A社はW大学の学生ばかり採用している」などの情報は内部の人しか知りませんでした。それが、「どうもA社はW大学以上の学歴の学生ばかり採用しているようだ」ということが明るみに出てしまったのです。結果として、早い段階で大学名を見て特定の学歴以下の学生は説明会に参加させない、エントリーシートで落とすなどの措置（学歴フィルター）が起こり、社会問題となりました。

そうした問題を経て、現在では、「書類時点では出身大学は見ない」と宣言する企業、応募書類に出身校を書かせない企業は増えましたが、それで採用される学生の幅が劇的に変わった、という話はあまり聞こえてきません。**多くの企業では、採用する学生の出身大学には偏りが残ったままになっている**のです。

## 勤めたい企業・やりたい仕事
## ……大学入学時点で実は選別されている!?

では、給与水準の高い企業や人気企業は、どの大学の学生に内定を出しているのでしょうか。先ほどは大学側から見ていたものを、今度は企業の側から見てみましょう。

ここでご紹介するのは、企業ごとの採用学生の学歴です。各業界のトップ企業を抽出し、『就職四季報』に掲載されている採用実績校に加え、当社に所属する教員、塾の卒業生のデータから、「どんな学歴の学生が内定を得たのか」を調査しました。

すると、業界ごと、あるいは企業規模や人気度ごとに、内定者の学歴には大きな傾向が見られました。ここでは、採用した学生の学歴が高い順に、企業にＳからＣまでにランクづけして、業界や企業を紹介していきましょう。

また、内定者の分布についても、「学歴上位層」「ボリューム層」「学歴下位層」に分けて見ていくこととします（なお、ここで示すのはあくまで推定であり、傾向です。各企業へのお問い合わせはお控えください。また、ここで対象としているのは、就活生に広く認知されている各業界のトップ企業の「総合職採用」のみです）。

**【内定者学歴ランク】**

S：超上位校の学生を主に採用している **「超高学歴」** 企業
A：上位校の学生を主に採用している **「高学歴」** 企業
B：MARCHの学生を主に採用している **「MARCH中心採用」** 企業
C：偏差値による採用傾向のない **「学歴フィルターなし」** 企業

**【内定者の分布】**

**学歴上位層**　：その企業が内定を出している学生の中でも、比較的偏差値が高い大学群
**ボリューム層**：その企業が内定を出している学生が最も多い大学群
**学歴下位層**　：その企業が内定を出している学生の中でも、比較的偏差値が低い大学群

それではさっそく、Sランク企業から紹介しましょう。

## Sランク――「超高学歴」企業

採用する学生の「ボリューム層」が、

- 東京一工：東京大学・京都大学・一橋大学・東京工業大学
- 旧帝大：東京大学・京都大学・名古屋大学・東北大学・北海道大学・大阪大学・九州大学

で、「学歴下位層」が、

- 早慶上位学部：政治経済・法・理工（早稲田）／法・経済・医・理工・薬（慶應）

なのが、「Sランク」企業です。

こうした採用傾向は、ゴールドマン・サックス証券、バークレイズ証券、ドイツ銀行グループなどの外資系の投資銀行（証券会社）や、マッキンゼー・アンド・カンパニー、ボストン コンサルティング グループ（BCG）、ベイン・アンド・カンパニーなどの外資系戦略コンサルティング会社、そして日本M&Aセンターやジャフコ グループ、ケネディクスなどのファンド会社で見られます。

これらの企業は初任給が１０００万円前後というところも珍しくなく、多くの社員が20代のうちに年収１０００万円台に突入します。成果主義のところもあり、人によっては２０００万円以上の年収に早々に達することもあるでしょう。平均で見ても、１５００万～２０００万円というところが多いようです。

月あたりの残業時間が80時間や１００時間を超えるような激務体質の企業が多いものの、スキルと年収の２つの観点から、東大生や京大生から例年人気となっている企業群です。

参考までに戦略系コンサルティング会社の２０２１年卒の採用実績校を見てみましょう。マッキンゼー・アンド・カンパニーは採用数33人のうち、東京大学29人、京都大学３人、名古屋大学１人です。つまり、この年の新卒の９割弱が東京大学です。ＢＣＧは東京大学８人、京都大学６人、早稲田大学３人、東京工業大学２人など８大学のみとなっており、早慶でもほとんどの人が落ちます。

となれば、ＭＡＲＣＨに進学した大学生が、これらの企業に就職しようというのは事実上、不可能に近いといえるでしょう。

### Ａランク——「高学歴」企業

Ａランク企業は、「ボリューム層」が、

- 早慶上理ＩＣＵ：早稲田大学・慶應義塾大学・上智大学・東京理科大学・国際基督教大学

「学歴上位層」が、

- 東京一工：東京大学・京都大学・一橋大学・東京工業大学
- 旧帝大：東京大学・京都大学・名古屋大学・東北大学・北海道大学・大阪大学・九州大学

「学歴下位層」が、

- ＭＡＲＣＨの優秀層：明治大学・青山学院大学・立教大学・中央大学・法政大学

です。

Ａランク企業には次のページのような業界・企業が集まりました。

## Aランク企業の例

- **主要キー局**……フジテレビジョン、TBSテレビ、テレビ朝日、日本テレビ放送網
- **大手広告代理店**……電通、博報堂
- **大手デベロッパー**……三井不動産、三菱地所、住友不動産、東急不動産ホールディングス、野村不動産ホールディングス、森ビル
- **食品・日用品メーカー**……サントリー、P&Gジャパン、日本ロレアル、資生堂、ユニ・チャーム、ユニリーバ・ジャパン、花王、味の素
- **大手自動車・機械メーカー**……トヨタ自動車、ソニー
- **素材・化学メーカー**……三菱マテリアル、帝人、日本製鉄、JFEホールディングス
- **日系シンクタンク**……野村総合研究所、三菱総合研究所
- **大手医薬品メーカー**……アステラス製薬、第一三共、エーザイ
- **ITコンサル**……デロイト トーマツ コンサルティング、アビームコンサルティング、PwCコンサルティング、NTTデータ、アクセンチュア、日本IBM
- **5大総合商社**……三菱商事、伊藤忠商事、三井物産、丸紅、住友商事
- **メガバンク（ホールセール※）**……三菱UFJ銀行、みずほ銀行、三井住友銀行
- **大手金融（ホールセール※）**……野村證券、SMBC日興証券、みずほ証券
- **総合出版社**……KADOKAWA、集英社、小学館、講談社
- **海運**……日本郵船、商船三井、川崎汽船

※ホールセールとは大企業や機関投資家、自治体などの公共機関といった顧客を対象にする大口営業業務。

こうした、ＣＭや日経新聞でよく見聞きする「大手人気企業」の平均年収は１０００万円前後です。このことが31ページのランキングでの、早慶上理ＩＣＵ卒の高い平均年収の裏付けとなっていることがわかりますね。

また、先ほどご紹介した日本型雇用が特に強く根付いているケースが多いのも、これらの企業グループの特徴です。新卒社員を長期間にわたってしっかり育成するための研修制度やキャリアパスが整備されていたり、福利厚生もしっかりしていたりします。

参考程度に、「５大総合商社」の一角、三菱商事の採用実績は次のページの表の通りです。

10位で採用数が２人ですから、ほぼ、このレベルの大学で占められると考えてよいでしょう。このように見ると、トップ10にＭＡＲＣＨの名前はなく、東京大学や京都大学、早稲田や慶應の学生に占められているのは一目瞭然です。

もちろん、「ここに挙がっている大学に進学したから、こうした企業に入りやすくなる」ということではありません。しかし、「Ａランクの企業の求める学生像が、ここに挙がって

## 三菱商事の大学別採用人数ランキング

| 順位 | 大学 | 人数 |
|---|---|---|
| 1位 | 東京大学 | 23人 |
| 2位 | 早稲田大学 | 21人 |
| 3位 | 慶應義塾大学 | 18人 |
| 4位 | 京都大学 | 11人 |
| 5位 | 一橋大学 | 7人 |
| 6位 | 東京外国語大学 | 4人 |
| 6位 | 大阪大学 | 4人 |
| 6位 | 上智大学 | 4人 |
| 9位 | 青森中央学院大学 | 3人 |
| 10位 | 名古屋大学 | 2人 |
| 10位 | 神戸大学 | 2人 |

出典：https://reashu.com/mitubisisyouji_saiyoudaigaku/

いるような大学の学生である」。逆にいえば、「こうした企業に入りたいならば、ここに挙がっているような大学を卒業しないと難しい」というのは、間違いないと思います。

「まちづくりや都市開発をしたい」「テレビ制作やメディアに関わりたい」という高校生は多くいますが、それを行なっているデベロッパーやテレビ局が見ている学生は、基本的にはここで挙げた層である、ということを理解しておくことが必要です。

ちなみに、逆のパターン（よりランクの低い企業への就職を希望する場合）もあるかと思います。その場合は、企業から志望の本気度を疑われ、やや選考が不利になるケースも見られます。希望する将来像がある程度固まっている場合には、それを踏まえて進学する大学を選ぶことをお勧めします。

ただし、より下位校の学生が高ランクの企業を目指すよりは有利になりますので、迷っているならより上位校を目指しておいたほうがいいでしょう。

なお、学生が就職を希望する企業は、一般消費者への知名度に極端に影響を受けるため、中でも食品メーカーの倍率は例年、飛び抜けて高い傾向にあります。そうした競争に勝ち抜くためには、学歴を無視はできないはずです。

## 採用の学歴フィルターのイメージ図

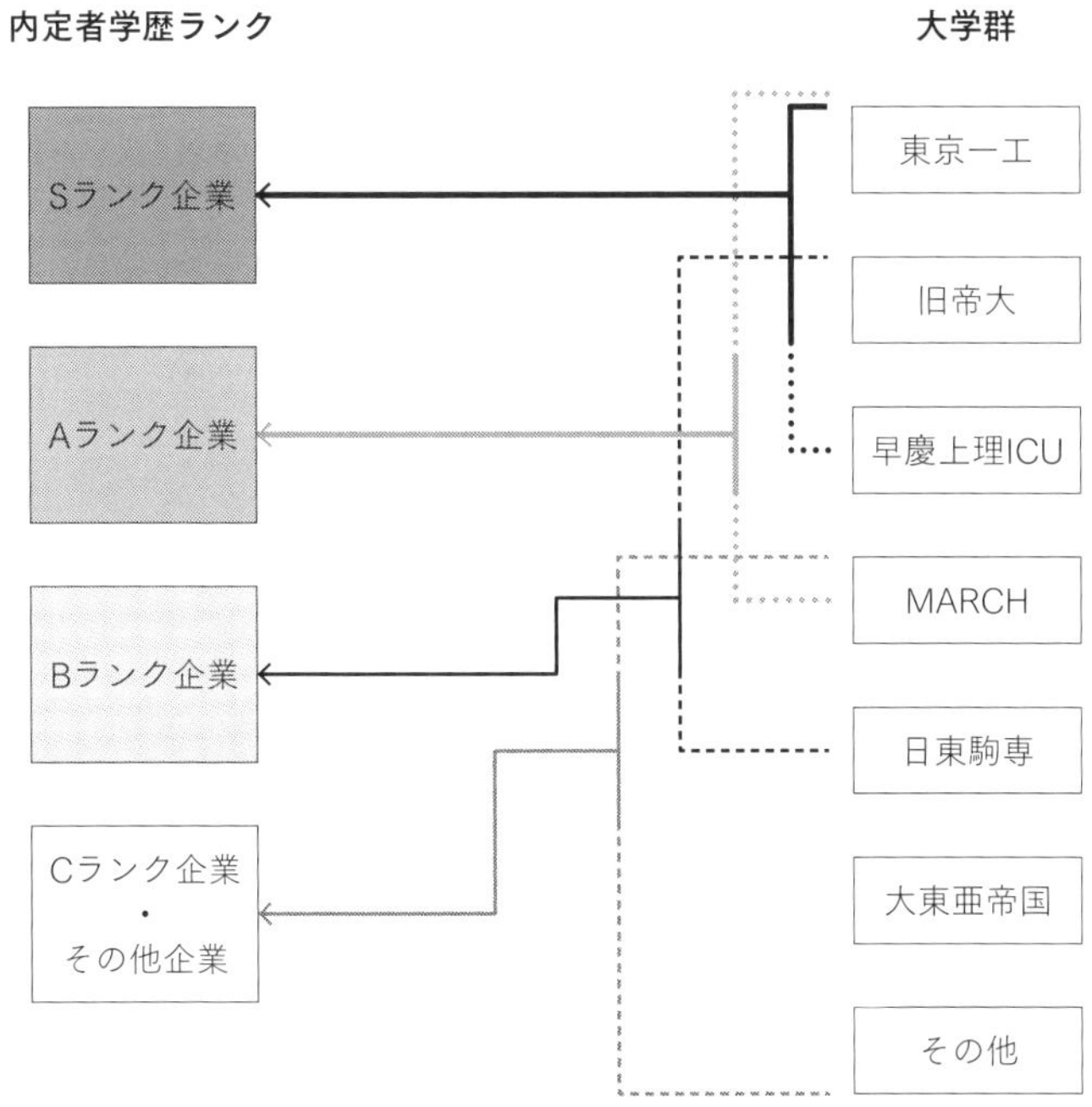

### Bランク――「MARCH中心採用」企業

Bランクは、学歴上位が、

●旧帝大：東京大学・京都大学・名古屋大学・東北大学・北海道大学・大阪大学・九州大学

●早慶上理ICU：早稲田大学・慶應義塾大学・上智大学・東京理科大学・国際基督教大学

ボリューム層が、

●MARCH：明治大学・青山学院大学・立教大学・中央大学・法政大学

学歴下位が、

●日東駒専上位層：日本大学・東洋大学・駒沢大学・専修大学

といった企業です。

ここには、理系学生を多く採用する企業と、ITベンチャーやインフラ企業などで文系の学生をSE《システムエンジニア》として採用する企業が集まっています。

これらの比較的学歴に寛容なラインを設けている企業は、採用人数が多いのも特徴で

## Bランク企業の例

- **大手ITベンチャー**……リクルート、サイバーエージェント、楽天グループ、Yahoo! JAPAN
- **スーパーゼネコン**……大林組、鹿島建設、大成建設、清水建設、竹中工務店
- **通信・SIer**……NTTドコモ、ソフトバンク、KDDI、NEC、NTTコミュニケーションズ、日鉄ソリューションズ、伊藤忠テクノソリューションズ、日本総研、大和総研、電通国際情報サービス、BIPROGY（旧・日本ユニシス）、SCSK
- **大手メーカー**……日立製作所、川崎重工業、キーエンス、富士フイルム、京セラ、日本IBM
- **大手インフラ**……東京電力、関西電力、中部電力、東京ガス、大阪ガス
- **損害保険**……東京海上ホールディングス、MS&ADホールディングス、SOMPOホールディングス
- **商社・専門商社**……豊田通商、双日、兼松、日鉄物産、JFE商事、三菱食品

す。

日本IBM、日立製作所、富士フイルム、伊藤忠テクノソリューションズや、建設系の大成建設や大林組はいずれも技術者として、1社あたり100人や200人といった規模で大量に採用しています。平均年収は800万円前後。お子さんの教育費を鑑み、就職を見据えて大学を選ぶならば、最低でもこのレベルを考えたいのが親心ではないでしょうか。

## Cランク――「学歴フィルターなし」企業

続いて、学歴フィルターがないと思われる企業群です。傾向として、学歴上位が、

●MARCH：明治大学・青山学院大学・立教大学・中央大学・法政大学

ボリューム層が、

●日東駒専上位層：日本大学・東洋大学・駒沢大学・専修大学

学歴下位が、

●大東亜帝国上位：大東文化大学・東洋大学・亜細亜大学・帝京大学・国士舘大学

という企業が集まりました。

## Cランク企業の例

- **メガバンク（リテール※）**……三菱UFJ銀行、みずほ銀行、三井住友銀行
- **大手小売**……ニトリ、良品計画、ファーストリテイリング
- **大手金融（リテール※）**……野村證券、SMBC日興証券、みずほ証券
- **大手ハウスメーカー**……大和ハウス工業、積水ハウス
- **生命保険（リテール※）**……第一生命保険、日本生命保険

※リテールとは、個人や中小企業といった比較的小口の顧客を対象とする営業業務。

これらの企業の採用実績を見るに、日東駒専がボリューム層ではありますが、それ以外の大学からも積極採用を行なっています。その点で、明確な学歴フィルターはないと見てよいと思います。

傾向としては、リテール営業職を毎年大量採用する企業が多く集まった印象です。

ここでいう「リテール営業職」というのは、主に金融業界で個人や中小企業を対象とする営業業務を指しています。業務上のノルマがきつく離職率が高い傾向にはありますが、きちんとこなして昇進していけば、30代で年収1000万円を超える会社が多いのが特徴です。

それ以外のリテール、例えば小売業などのリテールなどは、一般に、生産性が上がりにくい

職種として知られ、年収４００万円前後となることも珍しくありません。

一口に「リテール」といっても、入る会社・業界によって平均年収には大きな差がつきますので、注意してください。

## その他の企業

なお、今回は「企業によって採用の学生の学歴に傾向がある」ということを実感として知っていただくために、ランクづけは大手企業を中心に行ないました。

ここで解説していない大企業の子会社やグループ会社、中堅企業は、業界や企業によって差はあるものの、概《おおむ》ね日東駒専レベルの学生がボリューム層で、平均年収は４００万〜６００万円程度という傾向にありました。

今どきは、これらの年収も統計的には決して低いほうではありませんが、世帯の収入源が１人の場合には、多くの大学生が描く「普通の暮らし」「普通の人生」には足りないのが実際です。

というのも、学生たちのいう「普通に働いて給料をもらって、普通に結婚して、普通に子どもが育てられれば」というのをざっくり試算してみると、年間６５０万円程度の収入が必要となる見込みだからです（30代前後の夫婦と子ども２人の４人家族・賃貸マンション暮らしを想定、東京地方労働組合評議会　東京春闘共闘会議「東京都最低生計費試算調査」より）。ちなみにこの試算では、食費は１人１食３００円程度、家族みんなでの行楽は月に１回８０００円程度、飲み会も月に１回３５００円程度です。

Ｃランクで紹介したようなハードなノルマが課せられていることは少ないようですが、こうした将来像を見据えたうえで大学受験に臨むことは不可欠です。

## 企業ランクを見る際の注意点

今回の調査は、あくまでいくつかのデータから全体を推察したものであり、絶対的な基準ではありませんのでご注意ください。

加えて、ここでお話ししているのは、「Ｂランク企業の採用ターゲットがＭＡＲＣＨであること」であり、これは「ＭＡＲＣＨに通えばＢランク企業に行けること」とは全く違います。少し前のデータにはなりますが、早慶生で大手企業に勤めるのは全体の４割程度、

ＭＡＲＣＨだと25％程度と、企業の採用ターゲット校に進学した先でも厳しい競争が待っていることは、忘れないでいただきたいと思います。

ただ、そうはいっても、

**「上位校→人気大手企業に就職→高収入」**

という傾向は、統計的に見て間違いありません。

親御さんも一丸となってお子さんの大学受験対策に乗り出している以上は、なるべく上位校を目指していただきたいと思っています。

# 学生の本分「学び」、そして「自己実現」のための上位校という選択

ここまで、私のもとにいらっしゃる親御さんの一番の関心事である「将来における経済的な観点」から、上位大学に行くことのメリットを記載してきました。もちろん、上位校を目指すべきメリットはそれだけではありません。

むしろお子さんにとっては、**経済的な観点以外のメリットのほうが大きい**といっても過言ではないと思います。上位校に入るメリットは、下記の通りです。

1　学びの環境がよい
2　「やりたい仕事」に就きやすい
3　社会人になっても、仕事・結婚・借入時に信頼されやすくなる

また、就活に関していえば、下記の2つもメリットに加えてよいでしょう。

4　就活情報が多く入ってくる

5　就活で有利になるネタづくりに携わりやすい

それぞれ説明していきます。

## 1　学びの環境がよい

上位校のメリット、それはなんといっても「学びの環境」のよさです。いうまでもなく、人間は環境の中で育っていきます。**いい成長は、いい環境あってこそ。**

特に、私自身の信念としては、人間の成長は「自分の頑張り20％＋よき師（先生やメンター）との出会いやアドバイス20％＋友人や親を含めた周囲の環境60％」と考えていますが、**自分の頑張り以外の80％は、上位大学に進学できれば手に入る可能性が高い**ものです。

いうまでもなく上位大学には、**よい先生**が集まります。教授・教員の研究や専門性のレベルが高かったり、講師に実業界の著名人が呼ばれたりするでしょう。当然、授業のレベルも高くなり、学ぶ意欲に応えてくれる環境となるはずです。

そうした環境に集まるのは、**よい友人**です。友人は、ある意味で授業のレベルそのものよりもお子さんの人生を左右することになるもの。大学在学中に「一生の友達」とも呼べる存在を見つける人は多くいます。

また、大学ごとに卒業後の進路にもある程度の傾向があるため、社会人となってからも働き方やライフスタイル、人生設計が似てくることも多くあります。話が合うだけでなく、利害のない関係性であること、そして**一生付き合っていける仲間**が見つかりやすいことは、学生時代の友人の特権といえるでしょう。その後の人生で多く出会うであろう同僚や取引先とは違った、対等な関係性は貴重です。

人間関係以外の環境——**施設や設備**も、大学の魅力のひとつです。国公立大学の上位校は国から、私立でも上位校であれば企業から、研究費が多く出されています。そのため、他の大学と比べると圧倒的に研究環境や実験設備が充実しているといえるでしょう。

特に東京大学は学内の技術に対して投資を行なって収益を上げ、その収益を次の研究環境に投資するなどしていますから、なおさら学問や研究を進める環境としては整っています。あるいは慶應義塾大学などは寄付金も豊富であるため、それらを学びの環境に生かすこともできるわけです。

また、**図書館**ひとつとっても、規模や蔵書の数という点で、大きな差があるのも見過ごせません。

上位校は、学費以外の外部からのお金の調達が容易になる傾向があります。そのため、必要なお金をしっかりかけて学習環境を整えていることが多いのです。

「どんな大学に進学したかよりも、その大学で何をしたかだ」と、親心としては言いたくなるかもしれませんが、**「大学で何をするかは、どんな大学に進学したかにかなり影響を受ける」というのは紛《まぎ》れもない事実**です。

## 2 「やりたい仕事」に就きやすい

次に、**進路**の話です。前の項目では経済的なメリットを中心に学歴のメリットについて挙げてきましたが、多くのお子さんには「やりたいこと」「将来の夢」「理想の未来」があるものと思います。

仕事の内容で希望がある人もいれば、やりがいやワークライフバランス（残業時間、転勤なし、土日休みなど）を実現できる企業に勤めたいという人もいるでしょう。

こうした希望をかなえるためにも、やはり上位校への進学は有利に働きます。

例えば、発展途上国の支援を行なう国際協力機構（ＪＩＣＡ）勤務は、「やりがいのある仕事」の代表だと思います。しかし、ここに採用される学生の多くは早慶・旧帝大の大学院生です。

また、日系の企業でワークライフバランスが整っているのは大手のメーカーやインフラに多いですが、そういった企業の採用ターゲットは先ほど見たように、ＭＡＲＣＨ以上となっています。ワークライフバランスの整ったホワイト企業に行くことを考えても、やはり学歴は高いほうがよいのです。

逆に、受験をテキトーに過ごして学歴下位校に進学し、在学中にもこれといったことをせずに卒業し、卒業後には低賃金のブラック企業に就職したり、正社員を目指していたのになれなくて派遣社員やフリーターとして働いていたり、あるいはニートになってしまう人は多く見ます。

あくまで本人次第ではあるのですが、大学受験もまだなのですから、そうした確率はなるべく下げておきたいですね。

本書を手に取ってくださっている親御さんのお子さんの中には、「まだ将来、やりたいことが決まっていない」という人もいるでしょう。そういうお子さんにとっても、**上位校に進学することで、その先の可能性を広げることができる**でしょう。

あるいは、「俳優・声優になりたい」「芸能界にいきたい」「社長になりたい」「アナウンサーになりたい」「環境問題や難民問題に取り組みたい」という夢があるお子さんでも、大学に入った後に別のやりたいことが見つかったり、経済面で別のことをする必要に迫られたりすることはよくあります。

そういった際にも、上位校の出身であれば軌道修正しやすく、進路選択のリスクを緩和してくれるはずです。言い換えれば、**上位校に入ることは「潰しが効く」ということ**なのです。

## 3 社会人になっても、仕事・結婚・借入時に信頼されやすくなる

前述の通り、**日本の学歴社会の傾向は、近年、静かに、しかし着実に強まっています。**

そして学歴は、社会人になってからも付きまといます。就職時だけでなく、転職時の書類審査や第一印象に、出身大学が関わってくるのです。

さすがに出身校だけで決まることはないと思いますが、でも、「どちらがチャンスが多いか？」というのは、いうまでもありませんね。

また、**恋愛・婚活時においても、学歴重視の傾向は加速**しています。最近、社会人にな

ってからの男女の出会いとして珍しくなくなったマッチングアプリ、そして結婚相談所は、学歴で相手を絞ることができます。そのため、上位校出身のほうが出会いのチャンスに恵まれやすい、といえるでしょう。

いざ結婚となり、相手の家族に会う際にも、学歴が高いに越したことはありません。

もう1つ、社会人になれば、住宅や車などでローンを組む機会もあるかもしれません。あるいは事業の立ち上げなどで資金調達することもあるでしょう。そうした場合にも、出身大学のレベルが高いほど、審査が通りやすくなることがあります。

このように、**その後の人生の多くの局面で、学歴はその人につきまといます。**ならばよりよいほうがいい、と思いませんか。

## 4　就活情報が多く入ってくる

ここからは、就活における学歴のメリットの話をします。前述の通り、私は就活塾を経営していますが、そこからいえるのは、**「上位校の学生は、就活自体がやりやすい」**ということです。その理由は2つあります。

1つは、公《おおやけ》の求人情報や企業情報そのものが多く入ってくるということです。企業がある程度、ターゲット校を決めているのも前述の通りです。明示されていなくても、例えば大学主催の企業説明会などに来る企業のランクが、大学によって違うことは珍しくありません。

もう1つが、**人脈から入ってくる情報が、上位校のほうが多い**ということです。近年は、正式な募集の前からインターンなどの採用活動を始め、6割ほどの学生に早期に裏ルートで内定が出されています。

学生がそうした情報を得るのは、企業の発信もありますが、それ以上に友人からが多いもの。周囲の友達の就活への関心や情報収集の感度は、上位校に行くほど圧倒的に高くなります。そのため、上位校に通っていれば、大学3年生の夏や秋、冬などのインターンの締め切り情報や応募情報が友達づてに自然と入ってくることになります。あるいは、インターネット上で様々発信されている情報にも触れる機会が増えるでしょう。実際、私はユーチューブで就活の情報発信を続けていますが、その視聴の多くは上位校の学生です。

反対に、下位校になればなるほど就活への感度が低く、情報も入ってこないため、動き出しが遅くなります。友達との会話でも就活の話はそこまで出てこず、「気づいたらもう大手企業やホワイト企業の選考が終わっていた」ということはよくあります。そこから「募集している企業」と探し始めれば、多く出会うのが万年人材不足のブラック企業です。

就活塾をしている立場から見ると、「唯一内定が出た会社がブラック企業」という学生のほとんどが、そうなるべくしてなっているのです。


何の情報にも触れずほったらかされた学生が、自分から就活を始めるということは、基本的にはありません。そんなときに情報を持っている友人・すでに動いている友人が多ければ多いほど、よい焦りが生まれ、自然と動き出すことになるのです。

そうした意味合いにおいても、上位校への進学と望む企業への就職は密接に関係しているといえるでしょう。

## 5 就活で有利になるネタづくりに携わりやすい

もう1つ、就活に絡めてお話しします。就活で必ず聞かれるのが、「学生時代の経験」です。特に、ビジネスにつながるような経験は、就職後の活躍のイメージにつながりやすいこともあり、好まれる傾向にあります。

そのため、勘のよい学生は、ベンチャー企業などで長期にわたってインターンをした後、そこでの実績をもとに大手企業を受けていきます。そうすることで、自分のステータスである学歴に、ビジネス面での魅力を追加することができ、大手企業に内定しやすくなるのです（なお、長期のインターンとは3カ月以上の職業体験を指します）。

逆にいえば、この長期インターンこそが、学歴の壁を突破する数少ない方法の1つといえるでしょう。

**受験で失敗したけれども就活で成功したいという場合に真っ先に勧めるのが、この長期インターンでの実績づくり**です。が、蓋《ふた》を開けてみれば、この**長期インターンも、上位校の学生ほど参加割合が高い**のです。

65ページのグラフを見てください。これは、東大家庭教師友の会による調査結果です。学歴上位校の東京大学・早稲田大学・慶應義塾大学の大学生は、1年生の時点から長期のインターンへの興味関心が高く、2年生から経験者が増え始め、3年生になると44％がインターン経験者となっていることがわかります。

その理由には、**インターンの案内自体が上位校に集まること、そして学生自身の情報感度の差**があるでしょう。

さらにもう1つ、インターンを体験するにも選考があることも、上位校の学生をより有利にしています。**上位校の学生のほうが、インターンへの合格可能性も高い**のです。数カ月にわたるインターン生は、ベンチャー企業にとっては戦力です。できるだけ能力の高いインターン生を雇う傾向にあります。そして多くの企業では、能力と通う大学は相関すると捉えられています。

そのため、上位校以外の学生はせっかく情報を集めてインターンに応募しても、落ちてしまいやすいのです。なお、インターンの内容は営業やプログラミング、ウェブマーケティングなど様々ですが、特にウェブマーケティングにおいては、上位校の学生のほうが合

**長期インターン（1カ月以上）に興味はありますか
（大学生全体）**

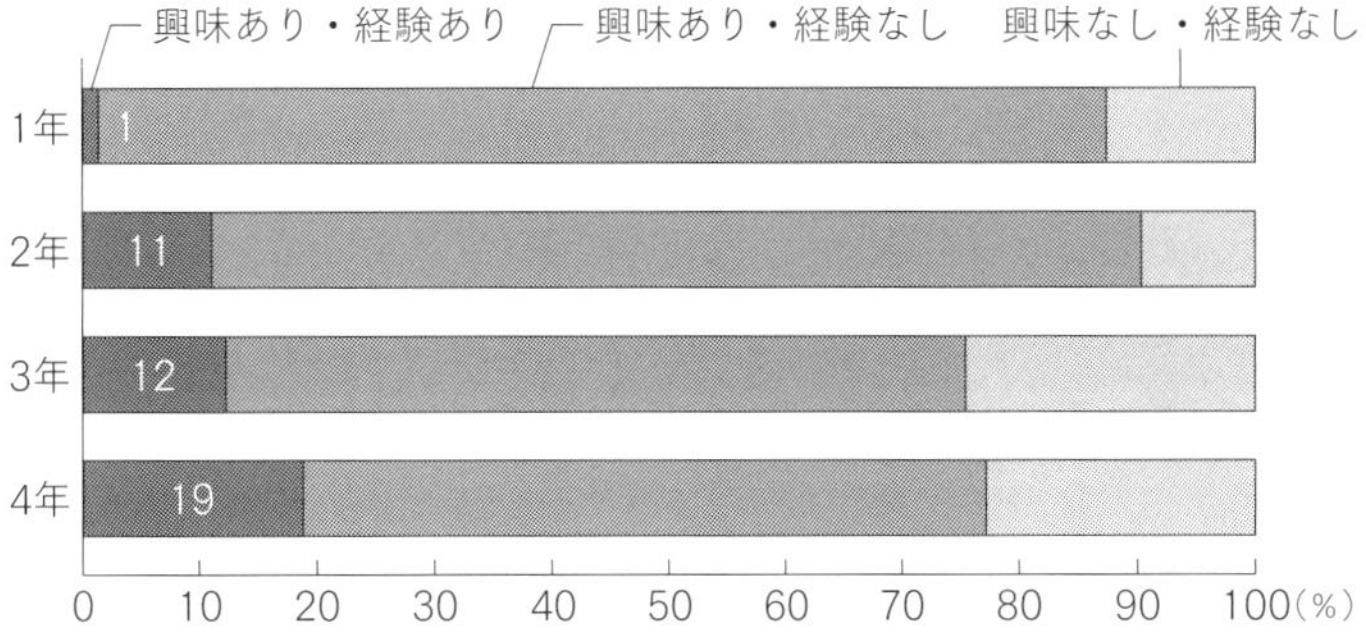


**長期インターン（1カ月以上）に興味はありますか
（東・早・慶の大学生）**

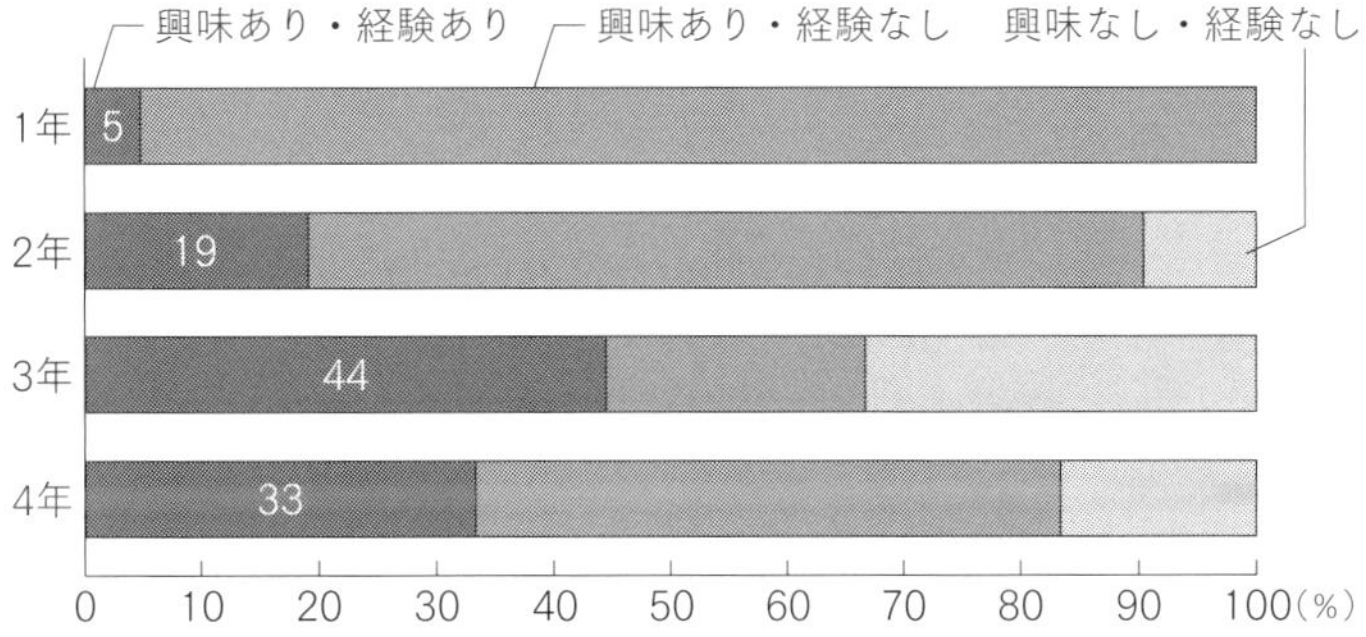


出典：https://www.tomonokai-corp.com/info/press/831/

格しやすい傾向が見て取れます。

というのも、ウェブマーケティングは大量のデータをもとに仮説を立てて解を導き出すという仕事であるからです。情報処理や仮説立案ができる学生はどこにいるか、といえば、やはりそれは上位校でしょう。

**就活時にマーケティング職に就きたがる学生は多くいますが、その際にインターンでの経験があるとかなり優遇されます。**しかし、その機会の得やすさにさえ、学歴が関わってきてしまうのです。

他方、比較的大学に関係なく採用されやすいのが、営業のインターンです。

**上位校進学者はどんどんと自分の魅力度を高めていく一方で、そうでない学生はその現実に気づくこともない。気づいてもチャンスを得られない。**この二極化は深刻な問題といえるでしょう。

この点から鑑みてもやはり、できるだけ上位校に進学することが大学生活そのものに対しても、その後の人生に対しても大きなプラスの影響があるというのは間違いありません。

COLUMN

# 仕事は都市圏に一極集中

「地方の国公立大と大都市圏の上位私立大、どちらが就職に有利ですか？　やはり国公立のほうがいいですよね？」

私は最近、ユーチューブで就活や受験の情報発信をしています。その視聴者からよくいただくのが、この質問です。就活を見越して大学を選びたいのだけれど……というところなのでしょう。

この答えとしては、「どこで働きたいかによる」ということになります。**地元の企業に勤めたいならば、地元の国立大学出身であることが非常に有利になります。一方で、大都市圏の企業に勤めたいならば、大都市圏の上位私立大学のほうが有利です。**

さらに付け加えるならば、大まかな傾向として、地方の企業よりも大都市圏の企業のほうが賃金は高いことが多い。実際、31ページで紹介したランキングにも、広島大学などの地方の国公立大学は入っていませんでした。その代わりに、上智大学などの大都市圏の上位私立大学が入ってきているのです。

近年、「地方創生」などの言葉はよく耳にしますが、現実的には多くの企業は商圏が大きい都市に集中しており、その傾向には拍車がかかる一方です。

その地方では地元の国立大学の学生はまるで神のような扱いをされるかもしれませんし、高校の先生からも地元の国立大学を勧められることが多いと思います。また、国立大学のほうが授業料も安く、さらに実家から通えるとなると、かかるお金は格段に安くもなります。

しかし、その分高倍率であり、かつ一般入試の科目数は多くなります。

もちろんそこで身につけた幅広い知識は、その後も役立つかもしれませんが、単純に大学進学と就活という点だけで考えれば、大都市圏の上位私立大学のほうがコスパがいい、といえるでしょう。

# 第 2 章

# 上位大学に
# 合格するための
# 2つのルート

# 志望校への「2つの道」

さて、前章を読んで「何はともあれ、なるべく上位校を目指そう」という気持ちは固まったでしょうか。

中には、「上位校がいいと言われたって、うちの子は……」という方もいるかもしれませんが、決めつけるのは早計です。本章は、昨今の入試情勢を踏まえたいくつかの方策について記していきます。

まず、まえがきでもお伝えしたように、いまや上位校の入り口は一般入試だけではありません。次のようにいくつかの方法に分かれます。

まず1つ目が、みなさんご存じの「一般入試」です（以前は「一般受験」と呼ばれてい

**上位校へのルート**

- 一般入試
- 総合型選抜
- 学校推薦型選抜
  - 指定校推薦
  - 公募推薦

**各ルートの合格への道**

**一般入試**＝大学入学共通テスト＋各校の2次試験
**（→学力重視）**

**総合型選抜**＝旧AO入試＋学力評価**（→アピール重視）**

**指定校推薦**＝各校に割り当てられた入学枠を、学校内で競う**（→学力重視）**

**公募推薦**＝総合型選抜＋学力考査**（→アピール重視）**

ました）。要するに「大学入学共通テスト（旧センター試験）」を受けて、その後に各大学が用意している2次試験を受けます。

近年の入試改革で、**出題傾向が暗記中心から思考力を問うものに変わってきています**が、大まかなイメージはみなさんが描いているものと相違ありません。

２つ目が、「総合型選抜」です。総合型選抜は２０２０年度まで実施されていたＡＯ入試に、学力評価が加わったものです。

この試験では、暗記した知識を問われることはほとんどありません。そうではなく、**学問への熱意、思考力や表現力、主体性や協調性を中心に測る入試**です。出願書類も、自由に自分をアピールするものが多く、試験内容でも小論文をはじめ、面接や集団討論・プレゼンテーションなど、自分の考えを表現する機会が多くあるのが特徴です。

こうした特徴の試験のため、大量の知識詰め込み型の勉強は必要がなく、それよりも論理的思考力や発信力を磨く必要があります。

高校や一般的な予備校でこうした能力を磨くのは難しいものの、多くの高校生は訓練をすれば十分に対応できると思います。その意味で、対策をしやすい入試方式といえるでしょう。

特に、**部活などで、人とのコミュニケーションを多くとってきたお子さん**や、**アピールできる活動のあるお子さん、入学後に学びたいことが明確でそこにつながる活動を高校時代に行なっているお子さん**は、一般入試よりも圧倒的に勝率が高くなります。

また、**この10年で合格者の枠が急増している入試方式**でもあります。

３つ目が「学校推薦型選抜」、通称「推薦入試」です。推薦入試は「指定校推薦」と「公募推薦」の２つに分かれ、いずれの形式も高校の学校長の推薦が必要になることから「学校推薦型選抜」といわれています。

指定校推薦は、それぞれの大学が「この高校からは○人とる」という形で推薦枠を用意するものです。面接などの試験が設定されてはいますが、基本的には学校代表になれば合格できます。

ライバルはもっぱら同じ高校内の他の生徒で、通常は、高校での評定平均が高い生徒や遅刻・欠席の少ない生徒が優先されます。たとえ優秀な成績でも、それ以上に優先される生徒がいれば、その枠が埋まってしまうため、この入試方式を検討するのであれば校内選抜で敗れたときのことを考えておく必要があるでしょう。

一方、公募推薦は誰でも応募できる形式です。試験形式や出願資格は総合型選抜に似ていますが、大学によっては総合型選抜の試験内容（書類、小論文、面接）に加え、総合考査（国語・英語などの筆記試験）が課されることもあります。

また、公募推薦の中には、「各学校から2人までが挑戦できる」といった選抜枠に制限がある場合もありますので、注意が必要です。

首都圏の大学の選抜枠は、同じく首都圏の高校だと評定平均が高い生徒で埋まってしまう可能性が高いですが、**地方の高校から受験する場合には空いていることも多くあります。**67ページでも述べたように、地方の高校にはいまだに地元の大学を目指す生徒が多いからです。そういった意味では、**地方の高校生こそチャンス**です。地方の高校から都心の上位校への選抜枠を確保するのも1つの手といえるでしょう。

このように、現在の大学入試には複数の受験パターンがあるものの、**学力が基準となる一般入試と指定校推薦、**そして従来の学力とは違った能力が求められる**アピール入試（総合型選抜、公募推薦）**に大別できることがわかります。

では、上位校に入るためにはそれぞれの入試方式で、どのように準備を進めればよいのでしょうか。ここからは、それぞれの戦略について解説したいと思います。

# 【学力重視】「勉強を頑張って難関大学に合格する」戦略とスケジュール

学力基準の入試は、「一般入試」と「指定校推薦」です。

ただし、指定校推薦に関しては、73ページでも述べたとおり、推薦基準を満たしている生徒同士が、高校内で席を奪い合う形です。選抜基準が高校によって異なることもありますが、ほとんどが評定平均順で決まるため、単純に定期テスト対策を頑張ればそれでよいといえます。

あとは、他の入試よりも、全体的にスケジュールが早いことが多く、3年の6～8月頃に高校内で募集が公開され、10月頃までに学校の代表者が決定。10～11月頃の出願を経て、12月頃に合否が決まる、という形が一般的です。定期テストにしっかり取り組ませること、募集時期を逃さないことの2点以外には特筆すべき点はありません。

## 【学力重視】指定校推薦

**しくみ：**

各校に割り当てられた入学枠を、高校内で奪い合う

**主な評価対象：**

評定平均、遅刻・欠席回数

**主な対策：**

定期テスト対策を頑張る

**だいたいのスケジュール：**

| | | |
|---|---|---|
| 高3 | 6〜8月 | 高校内で募集 |
| | 10月頃 | 校内の代表者決定 |
| | 10〜11月 | 出願・試験 |
| | 12月頃 | 合否決定 |

## 一般入試の特徴

一般入試は、従来の受験のイメージ通り、ペーパーテストを受けていい点数をとると合格する、という形の受験です。**偏差値65以上の高校に通っている高校生に圧倒的に有利な**受験方式であり、そうでない高校生にとっては不利な戦いを強いられることになるでしょう。

それは、上位高校のカリキュラムが、一般入試で上位大学を目指すことを前提としているからです。多くの上位高校では高2までに高校の範囲を学習し終え、その後は受験のための基礎・標準的な内容にあてられます。それすらも高3の夏までに終わるという進度です。高3の夏以降は、共通テストや過去問演習の対策を行なう時間を十分にとることができるため、それ以外の高校生と比べると準備期間もとりやすいのです。

## 上位大学に合格するための2つのポイント

一般入試で上位大学に合格するためのポイントは2つあります。

1つ目は、**高3の夏休み終了までに、必要となる受験科目のすべてにおいて基礎・標準的な問題を解けるようになること**です。

そのためには、学校の教科書の内容をきちんとおさえつつ、いくつかの標準的な問題集で問題演習を行なって、解法のパターンや基礎原理をマスターすることが重要です。

2つ目は、**本番までにできるだけ多く、2次試験の過去問を解くこと**です。過去問は大学側が時間をかけてつくった最高の問題集です。基礎ができ次第、なるべく早く取り組み始めましょう。

過去問を多く解く中で、出題傾向をつかんだり、解法の論述に慣れたりすることはもちろん、「捨て問（ほとんどの受験生が答えられないので差がつかないマニアックな難問題）」を見分ける技術を磨くことができます。

受験本番では、「捨て問」での時間ロスをなるべく少なくして、基礎的な問題と融合問題（複数の単元の基礎原理や抽象的な本質をわかっていないと回答できない問題）で確実に点数を積み上げていくことが、合格最低点を獲得する最短経路なのです。

また、前述の通り、近年の出題傾向としては、暗記しただけで得点できるような問題は少なくなり、暗記をベースにしつつ新たに提示される複数のグラフやデータから類推して答えを出したり、そもそも答えのない問いを考えて論述したりする問題が増えています。

そのため、一般入試においても必要なのは、暗記力ではなく思考力。そういった意味でも、**受験直前の詰め込みではなかなか歯が立たず、高校3年間をかけた積み上げが必須となっている**といえます。

なお、志望校によっては大学入学共通テストを受験する高校生もいるでしょうから、その過去問対策も必要です。**共通テストもまた、基礎的な暗記内容が減り、思考力を問うものが増えています。**

これは共通テストが２次試験の内容と似てきていることを意味していますので、基本的には大学の２次試験対策を高３の秋から行なっていく形で十分対処できると思います。

## 不利な戦いをしないための最重要ポイント

以上のことから考えても、やはり**これまでの積み上げがそこまでなく、通っている高校のレベルも超進学校ほど高くない高校生にとっては、一般入試がそもそも不利な戦いである**というのがわかると思います。受験勉強を始める時点で、超進学校の生徒はすでにアドバンテージがあるからです。

たとえれば、50m走の20m地点から走り出す超進学校の生徒と競うようなもの。超進学校に通っておらず、部活を中心とした高校時代を送っていた高校生がこのようなゲームを選んだところで、追い抜くことは至難の業です。

これまでは暗記力さえあれば直前の追い込みでカバーできる面もありましたが、そうした暗記ミラクルは今どきの一般入試では消えてしまいました。**直前になってからとにかく大量の勉強時間を確保して、徹底的に暗記すれば乗り越えられるような状況ではない**のです。一般入試を選択する場合には、この状況を絶対におさえておいていただきたいと思います。

## 【学力重視】一般入試

**しくみ：**

ペーパーテスト（大学入学共通テスト、2次試験）で選抜

**主な評価対象：**

テストの点数

**主な対策：**

高3の夏休み終了までに、必要科目すべての基礎・標準的な問題を解けるようにしておく。できるだけ多く2次試験の過去問を解く

**だいたいのスケジュール：**

**大学入学共通テスト**

| | | |
|---|---|---|
| 高3 | 9～10月 | 出願 |
| | 1月 | 試験 |

**国公立大学**

| | | |
|---|---|---|
| 高3 | 1月～2月 | 2次試験出願 |
| | 2月末 | 前期日程試験 |
| | 3月初旬 | 前期日程試験合格発表 |
| | （公立大学は中期日程試験がある場合も） | |
| | 3月中旬 | 後期日程試験 |
| | 3月下旬 | 後期日程試験合格発表 |

**私立大学**（大学により異なる）

| | | |
|---|---|---|
| 高3 | 12月～ | 出願 |
| | 2～3月 | 試験・合格発表 |

## 問題例と解説

それでは、一般入試の実際の問題例を見てみましょう。次に示すのは、慶應義塾大学環境情報学部の２０２１年の問題です。

**問題**

慶應義塾大学ＳＦＣ環境情報学部は、残すに値する未来を一緒に創造できる人を求めています。私たちが生きるこの世の中では、たくさんのことが目まぐるしく変化しています。私たち一人ひとりは、望む、望まないにかかわらず、目まぐるしく変化するこの世の中で、生きていくことになります。この世の中には、不条理な（※1）ことがたくさんありますが、それら臭いものに蓋をしても、隠し通すことはできません。近い未来、私たちが生きていくうちに、必ずそれらの不条理と向かい合う日がやってきます。腰がひけたまま、他人事のように未来をただ待つのではなく、私たち一人ひとりが、どうすればそれらの不条理を解決し、残すに値する未来を創造できるのかを考え、できることから仕掛けていくことが大切です。

（※1）ここでいう「不条理な」とは、英語の「Irrational」を意味し、「理性のない、分別のない、道理のわからない、不合理な」という意味を表すとします。

以上のことを理解した上で、次の問1〜3に答えてください。

問題1

不条理を解決する第一歩は、論理的にあり得ない問題を発見し、定量的な観点から、合理的な答えを導き出すことです。このことを踏まえ、問1－1、問1－2、問1－3に答えてください。

問題1－1

数量Aは$46+x$、数量Bは$49-x$で、$x>0$であるとします。この数量Aと数量Bを比べたとき、次の(ア)〜(エ)のどれが論理的に正しいか、一つ選んで解答欄に記入してください。

(ア)数量Aのほうが数量Bよりも大きい。

(イ)数量Bのほうが数量Aよりも大きい。

(ウ)数量Aと数量Bは等しい。

(エ)与えられた情報だけでは決定できない。

---

問題1－2

それぞれ異なる整数s、f、cがあり、いずれも正の整数であるとします。整数sはfの因数、fはcの因数であるとき、以下の(ア)(イ)(ウ)の記述のうち、どれが正しいでしょうか。(ア)(イ)(ウ)の記述のうち、正しいと思われるものをすべて選んで、解答欄に記号で記入してください。

(ア)sはfの2乗の因数である。

(イ)sはfcの因数である。

(ウ)sはf－cの因数である。

問題1－3

$x=2^{-1}, y=10^{-1}$であるとき、$\left(\frac{1}{x}\right)\left(\frac{1}{y^3}+\frac{1}{y}+1\right)-1$

の値とは何か、解答欄に数値を記入してください。

**解説**

環境情報学部は理系の学部ですが、1－1と1－2を見る限り、難しい計算や定理の証明をさせるというより、物事の因果関係を推論できる力を測りたいことがわかります。また、就活時に多く課される適性検査の推論の問題と似ています。

この問題を解くために必要なのは、計算力よりも思考力です。こうした思考力を問う問題は、あらゆる場面でコンピューターが使われている昨今、非常に増えています。というのも、**コンピューターにはできないことこそ、私たち人間に求められている**からです。

この問題は、慶應義塾大学環境情報学部を受験するに当たっては、確実に正解しておきたい問題といえます。

続いて、本入試のメインともいえる「問題2」、そして「問題3」を見ていきましょう。

**問題2**

あなたがこの世の中で不条理だと感じていることを15個挙げてください。また、なぜそれらが不条理だと感じるのか、個々の不条理の内容と理由をそれぞれ簡潔に1文で記述してください。なお、不条理は、個人的かつ情緒的な内容（例えば、夜起きていたいのに眠くなる、〇〇をみるとカッとする、など）ではなく、下記の課題ジャンル(a)〜(c)のいずれか、もしくは、複数に関わる内容を記述してください。不条理ごとに、各解答欄右の四角（□）内に課題ジャンルを付記し、挙げた全ての不条理を通して(a)〜(c)の全てを網羅してください。

課題ジャンル：
(a)人間の慣習に関すること
(b)社会のしくみやルールに関すること
(c)人間と環境の関係に関すること

## 問題3

問2であなたが回答した不条理のうち3つを取り上げ、その解決の方向性と方法（※2）について、解決のカギとなる技術革新・アイデアを含め、できるだけ具体的、定量的、かつビジュアルに説明してください。記述する際は、各解答欄の左上の四角（□）内に、問2のどの不条理を取り上げたのか、その番号と(a)〜(c)の課題ジャンルを記入してください。

（※2）例えば、カップラーメンを食べる場合、麺を食べられるようにほぐすというのが解決の方向性、お湯をかけて待つ、もしくは、水を入れて電子レンジにかける、というのが解決の方法の例です。

**解説**

問題2、問題3は、問題を発見し、それに対しての解決策となるスキームを提案する力を測るもので、今の日本社会が求めていることそのものといえます。これは暗記偏重の教育では対処できません。

ちなみに、大手広告代理店やコンサルティング会社、デベロッパーなどの「企画」をメインとする会社では、このSFCの問題と同様の入社試験問題が課されています。そういった意味では、課題先進国となった日本においては、大学も企業もその解決をできるような人材を求めているといえるでしょう。

## 一般入試の今後

これまでの暗記偏重型戦略（詰め込み）の効果が薄くなり、高い思考力が必要となった一般入試には、今後、**ついていけない高校生が増えていく**でしょう。それに伴って、**合格させるためのメソッドの再現性も低下していく**ことが見込まれます。

この状況に拍車をかけているのが、大学側の入試広報戦略です。大学はその偏差値によって序列が決まり、その高低によって受験生の人気が変動する現実があるため、どうしても偏差値を高く出そうとしたがります。

では、どのようにすれば偏差値を高くできるかといえば、**「一般入試での合格者数を少なくすること」**がその答えなのです。

これは偏差値のカラクリなのですが、一般入試の合格者を少なくするほど、偏差値上位層のみを合格とすることになり、結果として合格最低ラインが上がって大学の偏差値も引き上がります。

一時期、文科省が大学の定員に制限を設けた際にＭＡＲＣＨの大学の偏差値が上がり、入ることが大変になったのはそのためです。

では、大学は一般入試で減った入学者数をどのようにして補うのでしょうか。

その答えが、一般入試の前段階で入学者を決定できる総合型選抜や学校推薦型選抜の入学枠を増やすことです。こうすれば、定員は確保しつつ、大学の偏差値も高く維持することができます。

こうした大学の傾向は、実際のデータにも表れています。

次のページのグラフから見て取れるように、特に私立大学においては、この20年での一般入試枠の減少が著しく、**半分以上の学生が一般入試以外、つまり学校推薦型選抜や総合型選抜で入学している**のです。

## 令和2年度入学者選抜実施状況の概要（平成12年との比較）

> 平成12年度（AO入試調査開始年度）に比べて、AO入試、推薦入試を経由した入学者が大きく増加しており、入試方法の多様化が進んでいる。

**【平成12年度】**

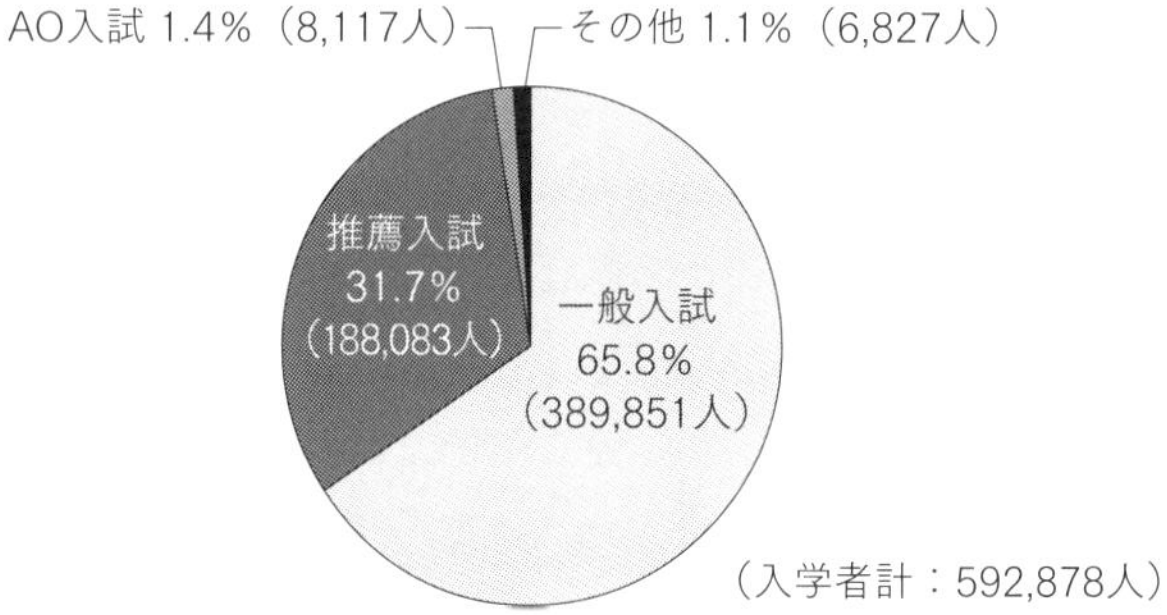


**【令和2年度】**

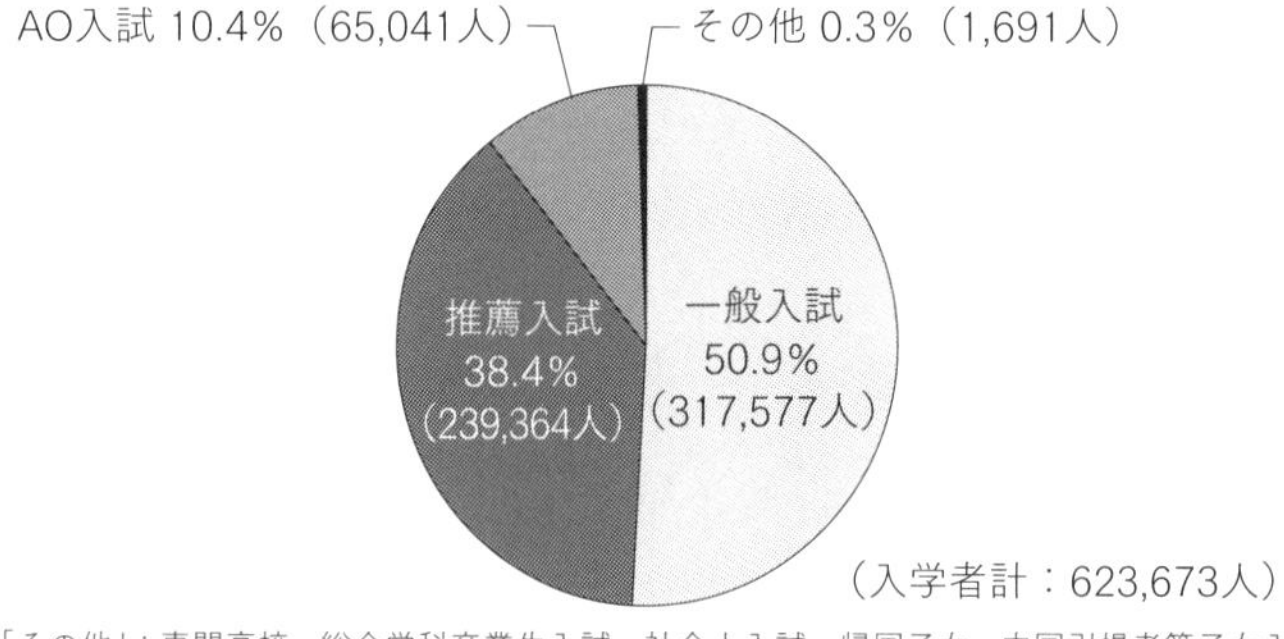


※「その他」：専門高校・総合学科卒業生入試、社会人入試、帰国子女・中国引揚者等子女入試など

出典：文部科学省「大学入学者選抜関連基礎資料集　第4分冊（制度概要及びデータ集関係）（その4）」

## 入試方法（国公私・入学者数別）

> 入試方法を入学者数（延べ人数）別でみると、一般入試52.5％、AO入試11.2％、推薦入試36.2％である。

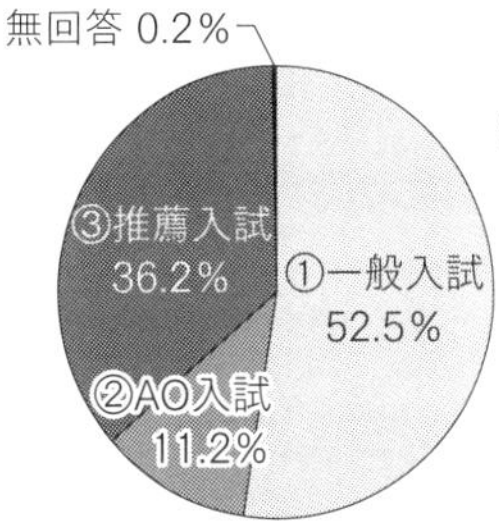


**全体**
（n＝581,348人・単数回答）

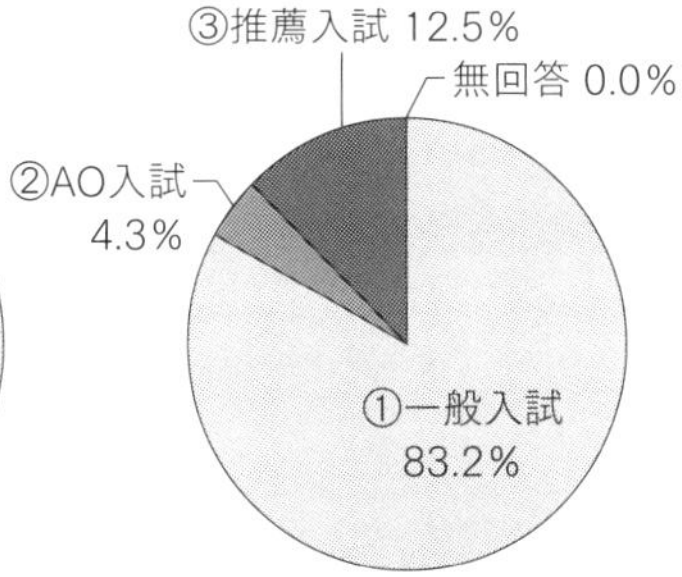


**国立大学**
（n＝96,485人・単数回答）

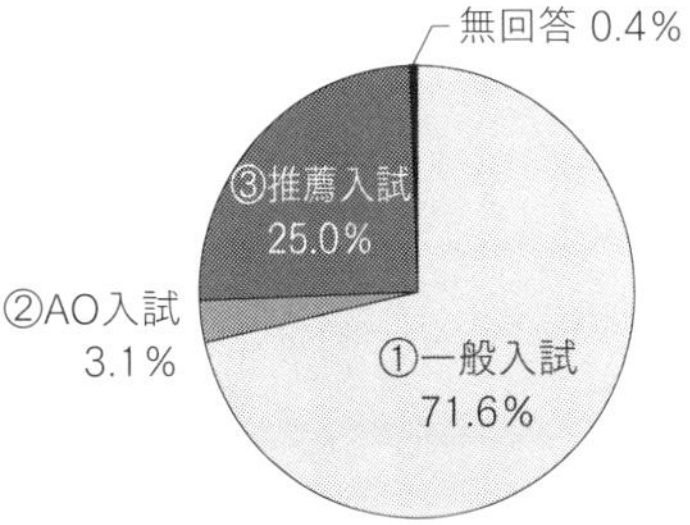


**公立大学**
（n＝31,629人・単数回答）

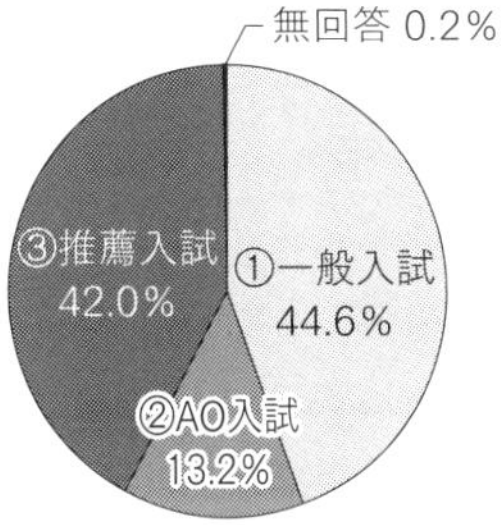


**私立大学**
（n＝453,234人・単数回答）

※本調査では、一般入試、AO入試及び推薦入試以外の入試方法は調査対象外としている。
※本調査では、学部・学科を選択した上で選抜区分ごとに入学者数を回答するため、複数の学部・学科にまたがって実施される選抜区分の場合は、入学者数が重複して回答される。
出典：文部科学省「大学入学者選抜における英語4技能評価及び記述式問題の実態調査（令和2年度）」

# 【アピール重視】「アピールを頑張って難関大学に合格する」戦略とスケジュール

続いて、近年、大学の募集枠が急増している「アピール基準の入試（総合型選抜・公募推薦）」について見ていきます。

前述のように、**公募推薦は学校長の推薦が必要で、総合型選抜は不要という差はありますが、実際の試験内容がほとんど同じという大学は少なくありません**（一般的には、公募推薦が高校ごとに応募人数の上限が決まっているなど条件が厳しいのに対し、総合型選抜のほうが応募条件は緩く、その分提出書類などが厳しいという傾向にはあります）。

また、そもそも総合型選抜や公募推薦は、学力以外の側面も含めて受験生を見るという前提と、その試験内容に傾向はあるものの、**具体的な試験内容や基準は大学によってまちまち**です。

また、試験の時期に関しては、総合型選抜は応募が9月頃であることが多く、公募推薦は10月下旬~11月上旬に応募する大学が多くあります。試験の時期が異なる場合は、多くの大学では総合型選抜と公募推薦の両方を受験することが可能です。

こうした事情から、総合型選抜への対策は同時に公募推薦への対策ともなり得るため、ここでは特に、２０２０年度から始まった入試制度である総合型選抜を中心に、上位校に合格するための戦略とスケジュールについて解説していきます。

## アピール入試の特徴

総合型選抜も公募推薦も、各大学の求めるアドミッションポリシー（学生像）に合った学生を集めるための試験形式です。

そのため、合否のカギを握るのは入試本番のテストの点数だけではありません。**大学に提出する書類、書類選考を通過した後の面接、入試本番日に実施される大学独自の試験のスコアの総合点で、その合否が決まる**のです。

## 【アピール重視】総合型選抜

**しくみ：**

提出書類・試験で、大学が求める学生像に合うかどうかを確かめる

**主な評価対象：**

大学によって異なるが、書類・小論文・面接・口頭試問・英語力・評定平均・グループディスカッションのいずれかというケースが多い

**主な対策：**

4〜7章を参照

**だいたいのスケジュール：**

| | | |
|---|---|---|
| 高3 | 9月 | 出願 |
| | 10月 | 1次・2次試験 |
| | 11月頃 | 合否決定 |

## 【アピール重視】公募推薦

**しくみ：**

推薦書類を含む提出書類・試験で、大学が求める学生像に合うかどうかを確かめる

**主な評価対象：**

大学によって異なるが、書類・小論文・面接・口頭試問・英語力・評定平均・グループディスカッションのいずれかというケースが多い

**主な対策：**

4〜7章を参照

**だいたいのスケジュール：**

| | | |
|---|---|---|
| 高3 | 10月下旬〜11月 | 出願 |
| | 11〜12月 | 1次・2次試験 |
| | 12月 | 合否決定 |

つまり、アピール入試とは、複数の評価項目の総合点で「大学が求めている学生像であるか、否か」が問われる試験といえるでしょう。

## 上位大学に合格するためのポイント

アピール入試への具体的な対策については、第4～7章で詳細に説明しますので、ここでは概略だけを紹介したいと思います。

まず、総合型選抜や公募推薦の多くは、2段階で選考が行なわれます。**1段階目は出願時の提出書類、2段階目が試験**です。

ただし、総合型選抜も公募推薦も、「受験資格」が大学によって異なります。そのため、そもそもその資格がなければ、出願することもできない、ということになりかねません。

そこでここでは、出願資格のイメージをつかんでいただくために、代表的な私立大学と国立大学の出願資格の一例をご紹介します。

**【出願資格の一例（一部抜粋）】**

慶應義塾大学の出願条件（法学部法律学科・政治学科（ＦＩＴ入試）Ｂ方式）
次の条件をすべて満たす者。
(a) 在籍している、もしくは卒業した高等学校等より、調査書の発行が受けられる者。
(b) 高等学校等での学業成績が優秀で、高等学校等の全期間の成績を記載した調査書における指定の各教科（外国語、数学、国語、地理歴史、公民）および全体の学習成績の状況が４・０以上の者。（高等学校等のカリキュラムや留学・編入学等の事情により、該当する科目について不明な点がある場合は、入学センターにお問い合わせください。）
(c) 在籍している、もしくは卒業した高等学校等に現在在籍している教員より１通の評価書（本学所定用紙）を提出できる者。
＊「２０２１年度慶應義塾大学法学部ＦＩＴ（総合型選抜）募集要項」より抜粋

**【出願資格の一例（一部抜粋）】**

筑波大学の出願条件（社会・国際学群国際総合学類・推薦入試）

(1) 調査書の学習成績概評A段階に属する者、又は筑波大学の個別学力検査等に合格できる程度以上の学力を有する者

(2) 国際関係及び国際開発の諸分野の現実的問題に強い関心を持ち、世界的視野からそれを分析しようとする意欲があり、国際的に活躍できる資質を有する者で、外国語に優れた能力を持つ者、又は理数系に優れた能力を持つ者（いずれもそれを証明する客観的資料があれば適宜添付のこと。）

(3) 高等学校等において、国際的な課題をテーマとする探究的な学習や、国際交流に関する活動に取り組み、コミュニケーション能力、問題解決力等の国際的な素養を身に付けた者（その根拠として、本人の作成する「活動報告書」を添付のこと。）で、柔軟な発想と構想力をもち、筑波大学の個別学力検査等に合格できる程度以上の学力を有する者

＊筑波大学「令和5年度（2023年度）入学者選抜要項」より抜粋

なお、筑波大学の出願条件における「学習成績概評A段階」とは、評定平均が4・3以

上のことをいい、「個別学力検査等に合格できる程度以上の学力」とは、推薦校において、以前同校から筑波大学に個別学力検査等によって入学した人以上の学力（高校の学習成績）を指しています。

今挙げた2つの例は、出願基準がかなり厳しめの上位校です。MARCHなどであれば評定平均3・8、上智大学であれば評定平均4・0と英検2級でほとんどの学部に出願できるなど、各校によって出願基準はまちまちです。

しかし、総じて**出願時に一定の評定平均や英語検定資格を求める大学は上位校に多いため、高校生活の早い段階で総合型選抜や学校推薦型選抜の利用を意識して評定平均を上げるための対策をしなければ、出願すらできない可能性が出てきます。**

よって、高校生活のなるべく早い時期から、評定対策を行なっていくべきだといえるでしょう。

なお、**出願時の評定平均については、どの学校に通っていても同じ基準**で扱われます。つまり、都心の進学校の3・8でも地方の普通の高校の3・8でも、同じ3・8という扱いです。そのため、出願だけで見れば地方の普通の高校の生徒のほうが有利なのは間違いありません。

出願資格をクリアしたら、第1段階の「提出書類」での選考です。

提出書類は、「自己推薦書」「志望理由書」「入学後の学習計画書」「活動報告書」「調査書・推薦書」「課題レポート」など様々なものがあり、合否を左右する重要なものです。どういうポイントを見られていて、それに向けてどんな対策をすべきかは、第4章でお話ししていきます。

提出書類をクリアしたら次は、第2段階、試験です。

試験の内容は大学によって様々ですが、傾向としては、

- 旧帝大……英語などの学力試験を課していたり共通テストの点数を含めるなど、学力を重んじる
- 私立上位大学……小論文と面接のみ

といえます。それ以外の大学も、小論文と面接が中心と見てよいでしょう。こちらも、詳細は第4章以降を確認してください。

アピール入試において、まずとにかく意識していただきたいのが、**「学問への熱意のアピール」**です。

大学は学問や研究を行なうところであり、それは未知の現象や法則性・解釈・解決策を模索するものです。特に上位大学ほどその傾向が強くあります。

そして忘れてはいけないのは、**面接官は研究者である教授だ**ということ。

そのため、その大学・学部で行ないたい学問・研究内容とアピールするポイントが合致していることは絶対条件です。

このように考えれば、高校時代に本を読むなりして学問や研究の一端に触れると同時に、入学後にどのような計画で学問・研究を進めていくのかについての明確なプランを持つことは、国立・私立のどちらを受けるにしても最重要な評価ポイントとなることがわかります。

# 一般入試対策だけでは アピール入試は勝てない理由

このように、総合型選抜と公募推薦による入試は、一般入試、そして指定校推薦とは見ている能力や活動経験が全然違うため、全く異なった対策が必要になります。

私自身の感覚でいえば、総合型選抜や公募推薦は、**親世代のいわゆる「大学受験」ではなく「就活」のほうが近い**のではないかとも感じます。

まず大事なのは**「どの大学・学部を目指すのか」をできるだけ早く決める**こと。得意科目を伸ばしておけばある程度潰しが効く一般入試では、一般的には高3の9〜11月頃に志望校を決めれば十分間に合いますが、総合型選抜はそれでは遅すぎます。

いかに早く出願する学部を決め、そのために必要な課外活動を行なえるか。評定平均を確保できるか。それが全てを決定するのです。

## アピール入試のターニングポイントは「高2夏」

では、総合型選抜で上位校を目指す場合には、どのようなスケジュールで準備をすればよいのでしょうか。それをまとめたのが、１０５ページの表です。

この表を見れば、高3になる前に志望校や志望学部を決めておくだけでなく、関連する探究活動を何かしら実施しておくことが望ましいことがわかりますね。というのも、**探究活動で高評価を得るためには、志望する大学・学部と合致する必要がある**からです。少し極端な例でいえば、国際経済系の学部を志望している子どもが科学の分野の探究活動をしたとしても国際経済系の教授に評価されるのは難しく、書類が通過するのも難しい、ということです。

また、探究活動では答えのない問いを自分で設定し、自分で調べたり行動したりして解決策を出さなければいけないため、時間がかかります。その意味でも探究活動は早く始めること、その前に志望大学・学部を決めておくことが不可欠です。

では、その「早く」とはいつ頃でしょうか？

お勧めは、**高2の夏休み**です。高2の夏休みであれば、オープンキャンパスへの参加やアドミッションポリシーの把握などに十分な時間を割けます。

また、自己推薦書や志望理由書でアピールできるような経験や実績（資格取得・ボランティア・全国区の大会への出場など）を積んでおくこともできるでしょう。

## アピール入試で受かりやすい上位大学・学部3選

次に、倍率面で見てアピール入試で受かりやすい上位大学や学部を3つご紹介します。

### 1　上智大学　理工学部を含む全学部

上智大学は「早慶上」とまとめられるように、日本でもトップクラスの私立大学の1つです。「叡智《えいち》が世界をつなぐ」という理念のもと、世界各国から多くの留学生や研究者を受

## 総合型選抜への準備例

| | 2年生 | | | | | | 3年生 | | | | | | | | |
|---|---|---|---|---|---|---|---|---|---|---|---|---|---|---|---|
| | 10(月) | 11 | 12 | 1 | 2 | 3 | 4 | 5 | 6 | 7 | 8 | 9 | 10 | 11 | 12 |
| 高校のスケジュール | | | 期末試験→冬休み | | 期末試験→春休み | | | 中間試験 | | 期末試験→夏休み | | | | | |
| ①評定平均対策 | 評定4.0を取得・維持 | | | | | | | | | | | | | | |
| ②探究活動 | 学部関連の探究活動の実施 | | | | | | 調査・分析・考察 | | | | ※ | | | | |
| ③志望大学・学部の決定 | 志望学部の決定 | | | | | | | 出願校の決定 | | | | | | | |
| ④英検の取得 | 準2級取得 | | | 2級取得 | | | （準1級取得） | | | | | | | | |
| ⑤小論文・テスト対策 | 基礎の完成 | | | | | | | | 学部別対策 | | | 過去問対策 | | | |
| ⑥出願書類作成 | | | | | | | | | | 書類作成 | | 出願開始 | | | |
| ⑦面接・プレゼン練習 | | | | | | | | | | | | | 各大学随時 | | |
| 大学入試のスケジュール | | | | | | | | 募集要項発表 | 選抜要項発表 | | | 出願締切 | | | |

※オープンキャンパスへの参加

け入れていて、国際色も豊かです。受験生の傾向も、国際化社会で活躍したい人が多いのではないでしょうか。

上智大学では複数の学部で公募推薦が実施されており、概ね2倍前後で倍率が低いのが特徴です。中には2倍を切っている、超低倍率学部もあります。代表的なのは神学部です。

**【神学部　公募推薦】**

倍率：1・4倍

出願書類：レポート等特定課題・自己推薦書

選考内容：小論文・面接

倍率1・4倍というのは、仮に募集枠が10人だとすると、応募者が14人ということ。非常に低いですよね。

ちなみに上智大学の公募推薦は、各学部とも事前課題として「レポート等特定課題」の提出を求めています。各学部で求められているレポート内容については上智大学の公式サイトに掲載されているので、公募推薦の募集要項をご覧ください。

## 2　慶應義塾大学　総合政策学部・環境情報学部（SFC）

慶應義塾大学湘南藤沢キャンパス（SFC）の2つの学部、総合政策学部・環境情報学部は「21世紀の学問や大学のあり方を先取りしつつ、時代が要請する新しい『知』の再編成と創造をめざす」という世界的にも例を見ない斬新な構想から、1990年4月に開設されました。

現代社会が直面する問題は、どれをとっても多岐にわたる複雑な要因が絡み合い、個別学問の枠組みを大きく超えています。そうした問題を解決していくためには、学際的・融合的なアプローチが欠かせません。

この認識をもとに、SFCの2学部は、ともに現実の諸問題を個別学問の枠で切り取るのではなく、関係する既存の諸学問の成果を知識と技術の体系として新たに再編成し、豊かな発想と広い視野から問題を捉えて解決に導く能力を自ら学び取る「問題発見解決型」「創造性開発型」の教育を重視しています。

総合政策学部では、政策・法・戦略・経営・ガバナンスといった視点からの問題解決を志向しており、環境情報学部では、技術・デザイン・ツール・感性・アートといったアプローチを重視しています。両学部のアプローチは断絶したものではありませんが、違う発想に基づくものであり、両者のコラボレーションを意識しながらも異なる問題解決を目指しているといえるでしょう。

ＳＦＣの特徴的なところは、**出願資格に評定平均がない**ところです。また、浪人でも十分に合格できます。つまり、「これを研究したい」というテーマがあれば、誰でも合格の可能性がある学部なのです。

### 3　筑波大学　人文・文化学群、社会・国際学群、理工学群、情報学群、医学群など

筑波大学はつくば市（筑波研究学園都市）というサイエンスシティの中核であり、国際色豊かなキャンパスでオープンにのびのびと研究が可能です。

筑波大学の出願基準は98ページに記載した通りですが、筑波大学に限らず、**国立大学は私立大学よりも出願条件が厳しくなっています。**

とはいえ、それさえ乗り越えてしまえば、多数の科目の一般入試を飛び越えられるのは、代えがたいメリットです。

倍率については、たいていの学部で2～3倍程度と低めであり、特に体育専門学群だと1・5倍と出ていますので狙い目であるといえるでしょう。

# 第3章

# お子さんのタイプで選ぶ受験戦略

# 受験方法をお子さんのタイプで選ぶには

入試には、「学力かアピールか」という2つの大きな傾向があり、試験内容も時期も対策も大きく異なります。

では、あなたのお子さんは、どの入試方式が向いているのでしょうか？「どの入試方式が一番有利なのか」という視点から、お子さんのタイプと最適な入試方法を考えていきます。

詳細は表にまとめた通りですが、端的に言えば、探究活動に力を入れてきたり、コミュニケーション能力に自信がある人はアピール入試に大きなチャンスがあります。

一方、「3年間の評定平均には自信がない」という人にはアピール入試は不向きで、一般選抜のほうが望ましい結果が出やすいといえます。

## あなたのお子さんに合う入試はどっち？

| | 向いている人 | 向いていない人 |
|---|---|---|
| 一般入試 | ●超進学校に通っており、高3の5月までの模試で、志望校にA判定かB判定を出したことがある<br>●テストに対して苦手意識を持っておらず、本番の一発勝負に強い<br>●人とコミュニケーションをとるよりも、ひとりで勉強をしているほうが好き<br>●勉強が得意。あるいは、一般入試の勉強を始めたらすぐに成績が上がった<br>●理系学部に進学したい | ●勉強が得意でない。あるいはテストや一発勝負が苦手 |
| アピール入試 | ●大学での学びにつながる課外活動や探究活動をしてきた<br>●面接やプレゼンテーションが得意<br>●評定平均が4.0以上<br>●語学力に秀でている、半年以上の留学経験がある<br>●作文やレポートで何かを表現することが好き<br>●スポーツや芸術コンクールで全国大会出場経験者<br>●大学で学びたい学問領域・研究テーマが明確<br>●帰国子女や留学生、インター校、IB取得者<br>●勉強が苦手。半年以上、一般入試の勉強をしても偏差値が55を超えない<br>●高3の5月時点で、志望校の模試の判定がD以下 | ●学校の評定が低く（3.5未満）、総合型選抜や公募推薦での出願基準をクリアできない可能性が高い（※）<br>●人とコミュニケーションをとったり、自分の考えを表現するのが苦手<br>●志望校ややりたいことが見つけられない<br>●理系学部に進学したい（理系は枠が少ない） |

※ただし、慶應義塾大学SFCや慶應義塾大学法学部、その他英検のみで出願可能な大学・学部など、評定平均が選考基準に含まれない大学・学部もあります。調べて狙っていきましょう。

## 受験方式に迷ったら……

繰り返しになりますが、一般入試とアピール入試では対策方法がまったく異なり、お子さんのタイプに合わせて受験方式を適切に選ぶことが、難関大学に進学するための第一歩です。

ただし、**「どちらが向いているか決められないから、両方の対策をする」というのはお勧めしません。** それには、2つの理由があります。

1つ目は、両方の対策をするということは、**どちらも結果として中途半端になりやすい**からです。他の受験生は、一般入試にせよアピール入試にせよ、覚悟を持って十分な準備をして挑んでいます。「どっちも」という中途半端なスタンスでは、そうした受験生と戦うことは難しい。結果も中途半端なものになってしまう可能性が高くなります。

2つ目は、両方の対策のために、他の高校生よりも多くの時間と労力を大学受験の準備に割くとするならば、お子さんの高校生活が「大学受験のためのもの」になってしまうからです。**大学受験はもちろん大事ですが、そのために高校生活のあらゆる面を犠牲にして**

**いいはずはありません。**

もし先ほどの表を見ても軸足が決められない場合には、**模擬試験**を受けてみることをお勧めします。模擬試験は、一般入試での合格可能性を測るものです。一般入試の勉強を半年以上したにもかかわらず、**模試の総合偏差値が55**を超えない場合、**その先どれだけ勉強してもMARCHクラス以上の大学に合格することは難しい**と言わざるを得ません。早急に戦略を切り替えたほうがよいでしょう。

加えて、**高3の5月の模試でD判定以下**である場合にも、一般入試は諦めたようがいいといえます。D判定とは、その大学・学部を志望する人の中で、下位の成績であるということです。その成績の差は、他の受験生よりも勉強時間を確保し努力しなければ、埋められるものではありません。

**受験生の時間は有限かつ、最も貴重な資源です。**勉強が苦手なお子さんは、早い段階で一般入試に見切りをつけ、アピール入試へ大学受験戦略の軸足を移すこと。それこそが難関大学合格への最短ルートなのです。

## 「勉強が本当に得意な子以外はアピール入試」と私が推す理由

ここまで、各種入試の違いと、向いている人・向いていない人の違いについて解説してきました。

ただ、実のところ、当塾の門をたたいてくださった親御さん・お子さんには、勉強や一発勝負の試験が本当に得意な場合を除いては、アピール入試を検討していただきたいとお話ししています。

それは、**就職活動において一流企業が求めている条件と、アピール入試で難関大学が求めている条件は似ている**部分が多いから。言い換えれば、**効果的なアピール入試対策が、効果的な就活対策にもつながる**からです。

まず、次の表を見てください。この表は、上位大学のアピール入試におけるアドミッションポリシー（入学者受け入れ方針）です。ここでは、各大学の全体のアドミッションポリシーを紹介します。大学によっては、学部ごとにさらに定められていることもありますので、志望する場合は必ず個別に確認してください。

## 上位大学が描く「求める学生像」

| 大学名 | アドミッションポリシー |
|---|---|
| 青山学院大学 | ● 高等学校卒業相当の知識・技能<br>● 高等学校卒業相当の知識に基づいて自ら思考し、判断し、表現する能力<br>● 本学の特徴を理解し、大学における学びを追求し、社会のために役立てる意欲・関心・態度 |
| 上智大学 | **1. キリスト教ヒューマニズム精神の涵養**<br>本学の建学の理念であるキリスト教ヒューマニズムに触れてこれを理解すること、他者や社会に奉仕する中で自己の人格を陶冶すること、真理の探究と真の自由を得るために自らを高めること。<br>**2. 他者に仕えるリーダーシップの涵養**<br>他者のために、他者とともに生きる精神 - “For Others, with Others” - を育むこと、社会から受ける恩恵を自覚し、それにともなう責任感を抱くこと、リーダーシップに必要な基礎能力を培うこと。<br>**3. グローバル・コンピテンシーの養成**<br>グローバル・イシューへの関心を抱くこと、複数の言語でコミュニケーションできること、さまざまな文化の違いを理解し、その違いを肯定的に受け止め、それらのかけ橋となれること。<br>**4. 幅広い教養と専門分野の知識・能力の修得**<br>幅広い教養やコミュニケーション能力など社会人としての基礎能力、専攻する学問分野における専門的知識・能力を修得すること。 |
| 法政大学 | 1. 入学後の修学に必要な基礎学力を有する者。<br>2. 自ら考え、判断し、表現する一定の能力をもち、その能力をさらに高める意欲をもつ者。<br>3. 主体性を持って多様な人々と協働しながら学び、議論することで、知を深めていこうとする能動的な姿勢をもつ者。<br>4. グローバルに視野を広げ、国際的な知識と表現力を獲得することに能動的である者。 |

| 大学名 | アドミッションポリシー |
| --- | --- |
| **明治大学** | 確かな基礎学力を身につけた学習意欲の高い人、とりわけ、本学の教育目標を理解し、世界の課題に関心をよせ、その解決にむけて挑戦する意欲のある人を受け入れます。 |
| **早稲田大学** | 初等・中等教育段階では<br>●本学の教養教育および専門教育の基礎となる水準の知識・技能<br>●本学での学修に必要となる論理的思考力・判断力・表現力<br>●これらを身につけるための主体性・協働性<br>また、本学の理念に沿った<br>●進取の精神に富んだ旺盛な知的好奇心とそれから導かれる独創性<br>●自主独立の精神と他者への共感を育む豊かな感性<br>●社会に貢献する強い意志を支える高い勉学意欲 |
| **慶應義塾大学** | **総合政策学部**<br>総合政策学部は「実践知」を理念とし、「問題発見・解決」を重視する学生を求めます。問題を発見・分析し、解決の処方箋を作り実行するプロセスを主体的に体験し、社会で現実問題の解決に活躍する事を期待します。したがって入学試験の重要な判定基準は、基礎学力に裏付けられた、自主的な思考力、発想力、構想力、実行力の有無です。「SFCでこんなことに取り組み学びたい」という問題意識に基づいて、自らの手で未来を拓く力を磨く意欲ある学生を求めます。<br>**環境情報学部**<br>ひとつの学問分野にとらわれることなく幅広い視野を持ち、地球的規模で問題発見・解決できる創造者でありリーダーを目指そうとする学生を歓迎します。環境情報学部の理念や研究内容をよく理解した上で、「SFCでこんなことをやってみたい」という問題意識を持って入学してくれることを願っています。SFCの教育環境や先端プロジェクトなどあらゆるリソースを積極的に活用し、「自らの手で未来を拓く力を磨いてほしい」と期待しています。 |

| 大学名 | アドミッションポリシー |
|---|---|
| 同志社大学 | 1）専門的・実学的能力を高める上で土台となる、幅広い教養と論理思考能力を育成するために必要な基礎学力を有し、<br>2）知識の量だけでなく、社会的視野を持ち、大学での学習に対する意欲と熱意があり、<br>3）多様な背景を持つ者と協働して学ぶ寛容の精神と主体性を持ち合わせ、<br>4）優れた感性と特性を持った学生 |
| 東京大学 | 本学の教育研究環境を積極的に最大限活用して、自ら主体的に学び、各分野で創造的役割を果たす人間へと成長していこうとする意志を持った学生 |
| 大阪大学 | 高等学校等における学修を通して、確かな基礎学力及び主体的に学ぶ態度を有し、自ら課題を発見し探究しようとする意欲に溢れる人を受け入れます。 |
| 京都大学 | 1. 高等学校の教育課程の教科・科目の修得により培われる分析力と俯瞰力<br>2. 高等学校の教育課程の教科・科目で修得した内容を活用する力<br>3. 外国語運用能力を含むコミュニケーションに関する力 |
| 神戸大学 | 1. 進取の気性に富み、人間と自然を愛する学生〔求める要素：思考力・判断力・表現力、主体性・協働性、関心・意欲〕<br>2. 旺盛な学習意欲を持ち、新しい課題に積極的に取り組もうとする学生〔求める要素：知識・技能、主体性・協働性、関心・意欲〕<br>3. 常に視野を広め、主体的に考える姿勢を持った学生〔求める要素：主体性・協働性、関心・意欲〕<br>4. コミュニケーション能力を高め、異なる考え方や文化を尊重する学生〔求める要素：知識・技能、思考力・判断力・表現力、主体性・協働性〕 |

出典：各大学ウェブサイトより

学校によって多少の違いはあるものの、「自ら思考」「主体性」「問題解決」「創造」「コミュニケーション力」「グローバル」などの単語が何度も出てくることに気づくと思います。学問分野における上位大学の役割は、「研究で新しい知を論文という形で社会に打ち立てていくこと」です。そして研究においては、調査やフィールドワークの際に多様な関係者と協働していく必要があります。

こうした背景から、前述のようなアドミッションポリシーになるのでしょう。

こうしたキーワードを念頭に置きつつ、就活のほうにも目を向けてみましょう。

次の表は、当社のシンクタンク「ホワイト企業総合研究所」が毎年出しているホワイト企業ランキング上位50社と、それらの企業が求めている人材の要件です。

| | 会社名 | 業界 | 求める人材 |
|---|---|---|---|
| 1 | 三菱地所 | 建設・不動産 | 多様な関係者と信頼関係を構築し、プロジェクトリーダーとして事業を推進できる人物 |
| 2 | 日揮 | 建設・不動産 | 本質的に正しいことを徹底して考え、主張・実行できる人 |
| 3 | 東宝 | サービス | ●プロフェッショナル志向（顧客志向）<br>●プロデュース力（社内調整・交渉・問題解決）<br>●引き出しとアンテナ（情報収集能力）<br>●自分を磨く力（自己成長） |
| 4 | デンソー | メーカー（電気・自動車・機械） | 自ら学び、自ら考え新たな価値の実現に向け、挑戦し続けていく人 |
| 5 | 伊藤忠商事 | 商社・卸 | 「商人」すなわち泥臭くお客様のもとに足を運び、世界中でビジネスを創出していく人材 |
| 6 | 三井不動産 | 建設・不動産 | ●何事にも本気で向き合える人<br>●人との関わりを大事にする人 |
| 7 | 浜松ホトニクス | メーカー（電気・自動車・機械） | 創造力、問題解決力があり、物事に意欲的に挑戦する人材 |
| 8 | 村田製作所 | メーカー（電気・自動車・機械） | 幅広い関心と行動力、最後までやり抜く力 |
| 9 | 三井物産 | 商社・卸 | グローバルな視点で新しい時代を創り出す「挑戦と創造」の精神にあふれた行動力のある人物 |
| 10 | アサヒビール | メーカー（素材・身の回り品） | アサヒグループの経営理念に共感し、「柔軟性・適応力」「独自の長所・個性」「国際感覚」を持ち合わせた人材 |
| 11 | 野村総合研究所 | コンサル等 | 世界に通用するプロフェッショナル志向の人 |
| 12 | 博報堂 | マスコミ | 様々なバックグラウンドや個性を持った人 |
| 13 | ソニー | メーカー（電気・自動車・機械） | 人々の生活にインパクトを与える新しい商品やサービスを世の中に送り出せる人 |
| 14 | ブラザー工業 | メーカー（電気・自動車・機械） | ●自ら考え、迅速に行動する<br>●情熱を持ってやり抜く<br>●本質を見極められる<br>●もの創りが好き |
| 15 | サントリーホールディングス | メーカー（素材・身の回り品） | 自ら考え自ら動く主体的でチャレンジ精神溢れる人 |
| 16 | ライオン | メーカー（素材・身の回り品） | ライオンらしさの原点とも言える、L-Compassに共感し、実践することができる人 |
| 17 | 旭化成グループ | メーカー（素材・身の回り品） | 高い理想と独自の考えを持ち、その実現に向け周囲を巻き込みながら自ら行動しやり抜くことができる人財 |
| 18 | 任天堂 | サービス | ●コミュニケーション能力<br>●多面的な視点<br>●サービス精神<br>●知的好奇心 |

| | 会社名 | 業界 | 求める人材 |
|---|---|---|---|
| 19 | 小林製薬 | メーカー（素材・身の回り品） | ●自分で考え判断できる人<br>●チャレンジ精神あふれる人 |
| 20 | 新日鉄住金エンジニアリング | 建設・不動産 | ●高い意欲と自主性のある人<br>●周囲と連携し行動できる人<br>●挑戦し続ける情熱を持った人 |
| 21 | 日本郵船 | サービス | 変化に対応できるバイタリティーを備えた国際人たりうる人材 |
| 22 | 豊田自動織機 | メーカー（電気・自動車・機械） | 自ら学び、自ら考え、自ら行動できる人材 |
| 23 | トラスコ中山 | 商社・卸 | 当事者意識を持ち、明るい笑顔で何事にも挑戦できる人材 |
| 24 | 花王 | メーカー（素材・身の回り品） | 変化をチャンスと捉える前向きな発想と行動力のある人 |
| 25 | コマツ | メーカー（電気・自動車・機械） | ●コマツの事業や現場に関心がある人<br>●論理的思考力のある人<br>●諦めずにやり抜ける人<br>●主体的に挑戦できる人 |
| 26 | 東急不動産 | 建設・不動産 | 変革・チャレンジマインドを持ったバリュープロデューサー |
| 27 | オリエンタルランド | サービス | オリエンタルランドの企業理念を理解し、それをビジネスと捉え実現することができる人財 |
| 28 | 日産化学工業 | メーカー（素材・身の回り品） | 幅広い視野を持ち、変化に柔軟に対応できる人 |
| 29 | オリックス | 金融 | クリエイティビティ、チャレンジ、チームプレイ、社会に新しい価値を創り出す人材 |
| 30 | カゴメ | メーカー（素材・身の回り品） | 食べることや、ワイワイ・ガヤガヤ仲間と議論することが好きな人 |
| 31 | 東京エレクトロン | メーカー（電気・自動車・機械） | 変化に対する柔軟性を持ち、最先端かつグローバルな舞台で、挑戦することを楽しめる人 |
| 32 | 明治 | メーカー（素材・身の回り品） | チャレンジ精神溢れる、個性豊かな人材 |
| 33 | 東京建物 | 建設・不動産 | ●信頼される人<br>●未来を切り拓く人 |
| 34 | 商船三井 | サービス | ファイティングスピリット、タフネス、リーダーシップ、コミュニケーション能力を持ち合わせた自律自責型の素養を持つ人材 |
| 35 | 東ソー | メーカー（素材・身の回り品） | 未知の領域に果敢に挑戦し、東ソーと共に成長していける人 |
| 36 | 日本工営 | コンサル等 | 挑戦する気概と誠実さを兼ね備えた人 |
| 37 | 日清製粉グループ | メーカー（素材・身の回り品） | 周囲との信頼を大切にする、ボーダーレスに行動する、自分の想いを周囲に浸透できる人 |
| 38 | 鹿島建設 | 建設・不動産 | 顧客や社会や仲間とともに、未来を切り拓く人材 |

| | 会社名 | 業界 | 求める人材 |
|---|---|---|---|
| 39 | 千代田化工建設 | 建設・不動産 | （前年データ）課題解決力・コミュニケーション力・挑戦意欲・バイタリティを備える人 |
| 40 | 日本航空 | サービス | ●感謝の心と、謙虚な学び<br>●果敢に挑戦し、最後までやり遂げる<br>●多文化を尊重し適応する |
| 41 | 三菱ガス化学 | メーカー（素材・身の回り品） | 広い視野で能動的に行動でき、環境の変化に対する適応力を持つ人 |
| 42 | TOTO | メーカー（電気・自動車・機械） | ●成功体験<br>●協調性<br>●問題意識<br>●論理性 |
| 43 | 住友商事 | 商社・卸 | 創造・協働・実現をとおし、新たな価値創造に挑戦できる人 |
| 44 | 早稲田大学 | サービス | 教育研究の発展や学生の育成に情熱を持ち、主体的に考え、やりとげることのできる人 |
| 45 | 味の素 | メーカー（素材・身の回り品） | 主体的に考え周囲と協力して行動できる人 |
| 46 | 栗田工業 | メーカー（電気・自動車・機械） | 目標に向かって考え抜き、自ら行動できる人 |
| 47 | トヨタ車体 | メーカー（電気・自動車・機械） | ●チャレンジ意欲のある人<br>●前向きな姿勢を持っている人<br>●コミュニケーション能力の高い人 |
| 48 | AGC（旭硝子） | メーカー（素材・身の回り品） | 情熱・チャレンジ・革新・インテグリティを体現し、周りを巻き込める人財 |
| 49 | バンダイ | メーカー（素材・身の回り品） | 楽しいときを創りたいという気持ちを強く持ち、個性や能力を十分に発揮できる人 |
| 50 | 島津製作所 | メーカー（電気・自動車・機械） | 変化を楽しみ、これまでにない価値創造の主役となれる人 |

出典：『就職四季報』（東洋経済新報社）、各社ウェブサイトより

こちらにも、「自ら思考」「主体性」「問題解決」「創造」「コミュニケーション力」「グローバル」などの単語が何度も出てきていますね。

この一致は偶然ではありません。企画・調整をしながらビジネス課題の解決を行なったり、新商品を開発したり、営業部署なども含めた周囲を巻き込んで関係各所に展開していくものが多いため、このような人材像を求めているのだと思います。これらの共通点がＩＱとＥＱ（こころの知能指数）であることは、拙著『子どもを一流ホワイト企業に内定させる方法』で述べた通り。

このように、**上位大学と一流企業が求めている人材には、かなりの共通点がある**のです。

さらに言えば、上位大学も一流企業も、選抜の際に見ているのは受験者の「ポテンシャル」であり、「どのような人材が〝ポテンシャルあり〟とみなされるか」という評価も似通っています。

これは就活塾と大学受験塾の2つを運営していて如実に感じることですが、どちらの試験も「可愛げのある後輩・若者」が受かる傾向にあるのです。

なぜ、そうなるのか。それは、新卒入社の大学生も、大学に入学してくる高校生も、どちらも受け入れ側からすれば「弟子」や「育成対象」であり、これから成長していく卵であるからです。

指導する側の人間からすれば、ある程度の地頭のよさがありつつも、熱意やコミュニケーション力があるような「指導しがい」と「伸びしろ」、そして「可愛げ」のある候補者を求めているということになります。そのため、アピール入試も就活も、見るポイントが似てくるのです。

## 「大学受験が就活に生きる」とはどういうことか？

上位大学と一流企業が求める人材には共通点があり、さらにその選考スタンスも似通っている。それはつまり、受験の段階でアピール入試に慣れておけば、就活でも十分に実力を発揮できるということに他なりません。

事実、前述した**能力面においても、やるべきタスクという観点においても、アピール入試と就活は非常に似ています。**

どちらの試験も、自分の志望する学問や業界についての情報を事細かに調べると同時に、自分がこれまでに行なってきたことと今後行なっていきたいことをうまく関連づけてアピールしなければなりません。

アピールをする際には、ある程度の論理的思考力と、人当たりよく相手の質問に回答していくコミュニケーション力が必要であるということも似通っています。

加えて、アピール入試においては小論文試験で論理的思考力が測られ、就活においてはＳＰＩ試験で国語と算数の論理的思考力が測られる、という点も酷似しています。

こうした点から、昨今の入試改革に対応すると同時に先々の就活のことも見据えるのであれば、大学受験においてはアピール入試に挑戦してほしいのです。

そのほうが、より上位校に合格しやすいですし、受験の経験が就活でも生かせるのですから。

## 「アピール入試強者」が「就活強者」にもなる

実は、私がホワイトアカデミー高等部をつくったのは、この「大学受験（アピール入試）と就活の類似性」が深く関連しています。

多くの大学生は、就活で「人生初」ともいえる壁にぶつかります。それは、一般入試を経て大学に入った学生の多くは就活になってはじめて「学力」以外の基準で選考を受け、「表現力」や「発信力」を問われることになるからです。


「あなたにはどんなポテンシャルがありますか？」

「自ら思考できますか？」

「主体性はありますか？」

「問題解決能力はどうですか？」

「創造性やコミュニケーション力はどのくらいですか？」

「グローバルへの視野はありますか？」

……。

こうした、「企業が知りたいこと」をアピールするのは簡単ではありません。「就活では何を見られているのか」を理解できず、挫折する人もたくさん見てきました。多くの学生が本当に大きな苦労をするのです。

しかし、「アピール入試」対策でこうした能力を磨き始めることができれば、その取り組みはそのまま、就活対策となります。**アピール入試で大学受験を頑張るというのは、学歴だけではなく、その後の人生に直接的によい影響を与えてくれます。**

こうした思いから、大学受験と就活の両方を成功させ、みなさんの人生の質を大きく向上させるためにとつくったのが、高等部なのです。

さらに言えば、自分の考えをアピールして相手を説得していくという能力は、受験・就活にとどまらず、その後の社会人として活躍していく中でも常に求められるものです。営業、渉外、広告、企画、経営などあらゆる仕事で、自身の考えを持ち、論理的かつ熱意のある形で相手に伝え、相手を動かすことは不可欠です。

「日本は今、世界から遅れをとっている」という主張は様々なところで目にしますが、そうした背景にも、こうしたアピール不足、発信力不足があるのではないでしょうか。

今回の入試改革を機に、自身の意見を発信して他者を動かす成功体験を持った若者が増え、今後の日本の経済や外交面におけるプレゼンスが向上されることを願うばかりです。

COLUMN

## 大学入試の先に待つ「就活」……「就職率低下」の実態は？

お子さんの志望校選びをする際に、その大学の「就職率」が気になる方も多いと思います。実際、多くの大学は、ホームページなどに96％とか98％などと数字を掲載し、「高い就職率」をアピールしています。就職率の高さは、お子さんの有望な将来を願う親御さんとしては安心材料のひとつでしょう。

しかし、大学が出している「就職率」の数字が、多くは「名目上」であることを知っていますか？　大学の「実就職率」、つまり、就職留年・休学をする学生を考慮した就職率は、実際のところ、どんどん低下しています。

大学卒業者に占める「無業」「受験準備者」「その他」の属性の割合の学生は、増加しているのです。

これはどういうことでしょうか。具体的な大学の例を見ていきましょう。

**2021年度（2022年3月、2021年9月）卒業生 進路状況**

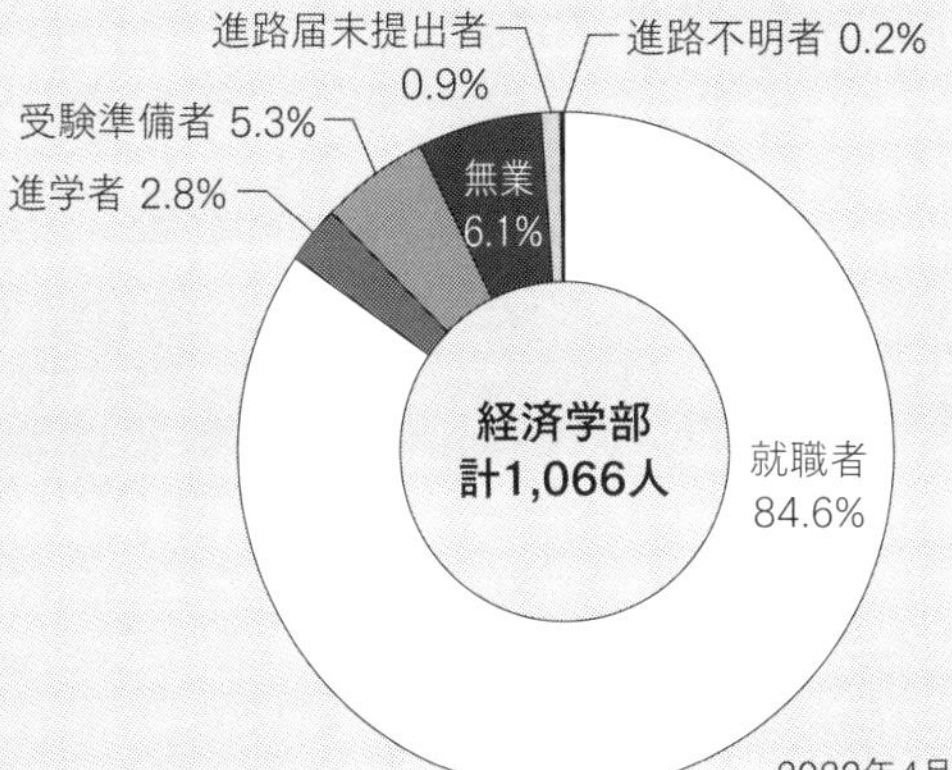


2022年4月9日現在

出典：中央大学 「2021年度 学部別進路・就職データ　経済学部　進路状況」

まずご紹介するのは、「中央大学　経済学部」です。いうまでもなくＭＡＲＣＨの一角をなすブランド校として人気が高く、同大学の中でも、経済学部は就職に有利ともいわれています。ホームページによると、２０２１年度卒業生の就職率は、95・４％です。

では、同ホームページから、進路状況の内訳を見てみましょう。

上のグラフによると、就職者の割合は84・６％。先ほどの「95・４％」という数字とは乖離していることがわかります。

なぜ、就職率と就職者の割合が異なるのか。その大きな理由としては、グラフの中の「無業６・１％」が挙げられます。無業とはつまり、「就職が決まらずに卒業していった人たち」で、人数にして65人。ちょっと多すぎると思いませんか？

また、受験準備者が５・３％、人数にして56人というのも目に付きます。これらの人は在学中には試験に落ちてしまった、ということです。

続いてもう1校、今度は「上智大学」を見てみましょう。国際交流が盛んで、ブランド校として人気の高い大学です。学生の進路状況も、ウェブ上で公開されています。

まずは同大学が発表している就職率は、２０２１年度で「96％」。こちらも高い水準といえます。では実際はどうでしょうか。

上智大学の卒業生の進路状況の表で気になるのは、３１０人いる「その他」の人たちです。じつはこの「その他」の人数は、上智大学に限らず、多くの大学で増加傾向にあります。

では、いったい何がこの「その他」に該当するのでしょうか？　明記されてはいませんが、この表を見る限り、「就職」「進学」「未届」以外の人ということになります。つまり、ここが先ほどの中央大学でいう「無業」と「受験準備」で（一部、「進路不明」や「留学」

## 2021年度卒業　学科別進路状況

| 学部 | 学科 | 就職 | 進学 | その他 | 未届 | 就職希望者 | *就職率 |
|---|---|---|---|---|---|---|---|
| 神学部 | 神学科 | 26 | 6 | 9 | 0 | 28 | 92.9% |
| ＜学部計＞ | | 26 | 6 | 9 | 0 | 28 | 92.9% |
| 文学部 | 哲学科 | 43 | 8 | 9 | 1 | 44 | 97.7% |
| | 史学科 | 55 | 10 | 9 | 1 | 59 | 93.2% |
| | 国文学科 | 49 | 1 | 4 | 0 | 50 | 98.0% |
| | 英文学科 | 81 | 12 | 13 | 0 | 84 | 96.4% |
| | ドイツ文学科 | 39 | 6 | 12 | 0 | 41 | 95.1% |
| | フランス文学科 | 40 | 4 | 7 | 1 | 43 | 93.0% |
| | 新聞学科 | 112 | 2 | 8 | 2 | 115 | 97.4% |
| ＜学部計＞ | | 419 | 43 | 62 | 5 | 436 | 96.1% |
| 総合人間科学部 | 教育学科 | 51 | 8 | 7 | 0 | 53 | 96.2% |
| | 心理学科 | 38 | 15 | 4 | 1 | 39 | 97.4% |
| | 社会学科 | 46 | 7 | 8 | 0 | 48 | 95.8% |
| | 社会福祉学科 | 58 | 4 | 11 | 0 | 62 | 93.5% |
| | 看護学科 | 58 | 7 | 4 | 0 | 58 | 100.0% |
| ＜学部計＞ | | 251 | 41 | 34 | 1 | 260 | 96.5% |
| 法学科 | 法律学科 | 139 | 28 | 12 | 4 | 142 | 97.9% |
| | 国際関係法学科 | 73 | 9 | 9 | 0 | 78 | 93.6% |
| | 地球環境法学科 | 60 | 5 | 6 | 1 | 63 | 95.2% |
| ＜学部計＞ | | 272 | 42 | 27 | 5 | 283 | 96.1% |
| 経済学部 | 経済学科 | 139 | 10 | 11 | 2 | 142 | 97.9% |
| | 経営学科 | 149 | 6 | 20 | 5 | 151 | 98.7% |
| ＜学部計＞ | | 288 | 16 | 31 | 7 | 293 | 98.3% |
| 外国語学部 | 英語学科 | 155 | 12 | 14 | 1 | 162 | 95.7% |
| | ドイツ語学科 | 51 | 5 | 8 | 1 | 51 | 100.0% |
| | フランス語学科 | 64 | 6 | 10 | 0 | 67 | 95.5% |
| | イスパニア語学科 | 74 | 3 | 9 | 0 | 78 | 94.9% |
| | ロシア語学科 | 62 | 6 | 7 | 0 | 67 | 92.5% |
| | ポルトガル語学科 | 62 | 3 | 7 | 0 | 65 | 95.4% |
| ＜学部計＞ | | 468 | 35 | 55 | 2 | 490 | 95.5% |
| 総合グローバル学部 | 総合グローバル学科 | 185 | 23 | 24 | 1 | 191 | 96.9% |
| ＜学部計＞ | | 185 | 23 | 24 | 1 | 191 | 96.9% |
| 国際教養学部 | 国際教養学科 | 109 | 17 | 49 | 7 | 129 | 84.5% |
| ＜学部計＞ | | 109 | 17 | 49 | 7 | 129 | 84.5% |
| 理工学部 | 物質生命理工学科 | 58 | 62 | 7 | 0 | 59 | 98.3% |
| | 機能創造理工学科 | 41 | 78 | 6 | 0 | 43 | 95.3% |
| | 情報理工学科 | 99 | 37 | 6 | 2 | 102 | 97.1% |
| ＜学部計＞ | | 198 | 177 | 19 | 2 | 204 | 97.1% |
| 大学合計 | | 2216 | 400 | 310 | 30 | 2314 | 95.8% |

*就職率＝就職／就職希望者

出典：上智大学「進路状況（学科別）」

が入ることもありますが、ごく少数のためここでは除いて考えます）、この割合は、10・5％です。

中央大学経済学部はこの合計が11・4％でしたから、上智大学は全体として、中央大学経済学部よりは就職で失敗する人が少ない、といっていいかもしれません。しかしそれでも、３１０人が進路未決定というのは、親御さんとしては看過できない状況ではないでしょうか。

なお、例年、就活が思うように運ばずに当塾に来て就職留年をする学生は多くいますが、その学歴の中心はＭＡＲＣＨや早慶上智で、人数は年々増加しています。さらにいえば、そうした学生は「留年」をしているので「卒業生」には入りません。それなのに、卒業している学生の中にも、「その他」が増えている、というのは驚かされるばかりです。

ここでは、中央大学経済学部と上智大学を取り上げましたが、同様の問題を抱えているのは取り上げた大学だけではありません。「就職や公務員試験に有利」などと謳《うた》っている大学でも、「就職率」と実際の数字には乖離があることが多いのです。

この乖離の背景には、大学側としては、少しでも就職率を高く見せて優秀な学生を集めたい、という意図もあるかと思います。しかし、こうした数字は結局のところ、学生に悪影響を与えているというのが私の考えです。というのも、学生が通っている学校の「高い就職率」から就活を甘く見て、緊張感のない学生生活を送ってしまうことが多発しているからです。

「就活はテキトーにやっても、受かるのが当たり前だから大丈夫でしょ、だって、大学が出している就職率が高いんだから」

という具合です。昨今の状況では、そうした考えでは就活は乗り切れません（その詳細は、拙著『子どもを一流ホワイト企業に内定させる方法』を参照）。早めに就活を始めていれば、「本気でやらないとまずい」と気づく時間もあり、軌道修正もできますが、ギリギリになってから始めても「後の祭り」。「就活解禁」の大学3年の3月が近づいてから考え始めても遅いのです。

そうした学生たちの「こんなはずではなかった」という声は、後を絶ちません。

こうした状況においても、学生たちの手元にあるのは、「高い就職率」というデータと、「受かるのが当たり前」という前提です。そのため、自分の就活がうまくいかないときに芽生えるのは、「自分はダメなやつなんだ」「自分は社会不適合者だから、この先もやっていけないだろう」「自分は価値がない人間なのではないか」という思いです。ＮＰＯ法人ポッセの調査では、今の時代、「７人に１人が就活うつになる」といわれていますが、その背景にはこうした事情があるのです。

このように、今の時代、「有名大学を卒業していれば、就職も安心」「大学さえ出ていれば、就職先はあるだろう」ということはありません。

正直なところ、選ばなければ「大学に入る」ことは親御さんの時代よりも簡単です。それだけに「大卒」というのは就活にとってアドバンテージでも何もなく、前提に過ぎないものです。

こうした厳しい状況だからこそ、大学入学後に厳しい就職戦線が待っていることを考慮して、受験のタイミングからアピール入試を視野に入れ、就活に必要な力を養っておくことをお勧めします。

# 第 4 章

# アピール入試で上位大学に合格する方法

## 提出書類・小論文編

# 「上位大学が求めている学生像」とは

そもそも「大学」とは、何のためにあるのでしょうか？

実は、**上位大学のアピール入試を攻略するための近道は、この「大学の存在意義」にあります。**

というのも、「相手が何のために存在していて、どういった人材を求めているのか」によって、求められるアピールはまったく変わってくるからです。

このことは、恋愛を例に考えてみればわかりやすいと思います。好きな相手にアプローチするとなったら、相手が気にしていることや大事にしているポイントをできる限り調べて、応えようとするのではないでしょうか。相手を喜ばせよう、という気持ちからスタートすることが多いはずです。

アピール入試も同様です。合わないところ、相手のこだわりとは違う点があったとしても、まずは合いそうな点、相手を喜ばせる点をアピールする。自分の好みやこだわりばかりを押しつけても、うまくはいきません。

アピール入試のスタートは、このように**「上位大学がアピール入試で何を見ているのか」「どんな能力を測ろうとしているのか」を考えること**です。そのうえで、「どう取り組んでいくか」「どう表現するか」と考えなければ、そもそも話を聞いてもらえません。

## 大学とは何をするところなのかを考えることで見えてくる「アピールポイント」

結論からいえば、**大学は「学問や研究をするところ」**です。学問や研究とは、まだわかっていないこと（法則、因果関係、技術、解決策など）を調査、実験などによって明らかにすることをいいます。

その新しくわかったことを論文によって世の中に広く知らしめることによって、科学技術の進歩や社会の発展、社会問題の解決に貢献するのが大学の存在意義です。ここに、高校までの学びと大学以降の学びの大きな違いがあります。

高校までの学びは「すでにわかっていること」を扱うのに対して、大学は「まだわかっていないこと」を扱います。また、高校までは「誰かが明らかにした知識が与えられる場（受動的）」ですが、大学は「まだ誰も明らかにしていないことを解き明かす場（能動的）」であるともいえます。

目標設定という面においても、高校までは「求められる習熟度」や「偏差値」という形で与えられるものがありますが、大学の学びでは自分で決めることが求められます。

そう、**大学の学びは、「まだわかっていないこと」を「能動的に、自分で目標を決めて、解き明かしていく」ということ**なのです。

では、そんな大学が求めているのはどんな高校生でしょうか？

もちろん、その答えは**「研究によって未知の領域に挑もうとしている人材」**です。よって、「○○学を学びたい」という高校生よりも、「○○学の知見を生かすことで、現在課題となっている○○の社会問題への新たな解決策を模索したい」「○○の技術を生かして、新たな物質や法則性を解明したい」という高校生のほうが「欲しい人材」ということになります。それが大学の存在意義だからです。そんな人材に研究室に入ってもらい、鍛え上げることで、研究を進めてもらうというのが、教授が望んでいることなのです。

その研究を進めるためには、自分で未知の問題に対して仮説を立てて検証していくようなＩＱと、その過程で周囲の協力を得ながらデータ収集やインタビューを行なっていけるだけのＥＱが必要です。

ということで、大学入試で見られていることは、**研究活動を実行していく際に必要となるＩＱとＥＱがあるかどうか、**という点だといえるでしょう。

また、絶対に忘れてはいけないのは、基本的に**面接官や採点者は教授である、**ということです。例年、アピール入試で、高校時代にやってきたスポーツをはじめとする部活について熱く語る高校生が多いですが、教授にその思いが伝わるかどうかはわかりません。というか、私の経験上、教授にはインドア派の人やスポーツに興味がない人も多くいます。また、そうでなくてもスポーツの経験が研究に生きてくるとは微塵《みじん》も考えていないはずです。スポーツ科学系の学部かスポーツ推薦以外の場合には、スポーツそのものをアピールポイントにはしないほうがいいでしょう。
そうではなくて、**スポーツを活用した社会課題の解決方法の模索や、スポーツを通した高齢者向けの社会政策などの文脈で書類や面接の準備をしたほうが、はるかに有効**です。

こうしたことをはき違えてしまうと、大学教授にはまったく響かない、トンチンカンなことを書類でも面接でも熱く語ることになり、アピールを聞き届けてもらえないことになりますので注意してください。

誰に向けて、どんなアピールをすべきか、という基本的なマインドセットができたら、さっそく具体的な選考プロセスの攻略法を考えていきましょう。

アピール入試の選考プロセスは、
**書類提出↓小論文↓面接・口頭試問**
となっていることがほとんどですので、ここからはこの流れに沿って見ていきます。また、この他に、英語や国語などの基礎学力検査を実施したり、プレゼンテーションやディスカッションを実施したりする大学もありますので、それらの選考プロセスについても解説していきます。

# 「提出書類」で合格を勝ち取るには？

まずは最初の難関「提出書類」です。

具体的な配点や比重は学校により学部により、試験内容により差がありますが、前述の「書類提出→小論文→面接・口頭試問」という試験の大学では、**全体の3分の1を占めている**と考えてよいでしょう。

あるいは、慶應義塾大学総合政策学部・環境情報学部などは、提出書類と面接しか選考プロセスがないため書類が非常に大きな配点を占めます。提出書類は、それだけ重要なものだということを、まずはおさえておいてください。

求められる書類も、簡単にはつくれないものが多く、前述の慶應義塾大学総合政策学

部・環境情報学部では、

- 志望理由書（2000字）
- 志望理由（A4のスライド2枚）
- 任意提出資料（10枚まで）

を求められます。さらにひと昔前は、「3分間のプレゼンテーションビデオ」の提出も必要でした。表現力や発信力が求められるというのは、付け加える必要もないでしょう。

さらにその後の面接も自身の提出した書類に沿って行なわれるため、書類の中に論理の飛躍や曖昧《あいまい》な点、ごまかしがあると、追及される可能性が高くなります。付け焼き刃の知識では落選することになるでしょう。

そう、提出書類は、採点の配分としては3分の1であったとしても、**その後の試験の難易度を左右する重要な位置づけにあるもの**なのです。

なお、アピール入試の中でも慶應義塾大学文学部の「公募推薦」の場合は、求められる書類は400字の志望理由書のみで、2次試験の総合考査で難易度の高い小論文、現代文、英作文の記述問題が課されます。この場合は書類の比重は小さいと見てよいでしょう（とはいえ、書類の手を抜いていいという話ではありません）。

大学や学部によって、あるいは年度によって書類の比重は異なるため、事前のリサーチは必須ですが、いずれにせよ書類は手を抜いてはいけない重要なものであるということはぜひご認識いただきたいポイントです。

## 「合格」するための提出書類の基礎知識

ここからは、提出書類として求められる頻度の高い「自己推薦書」「志望理由書」「入学後の学習計画書」「活動報告書」「調査書・推薦書」「課題レポート」の6つについて、それぞれ内容と作成のコツを解説していきます。

### 1　自己推薦書

自己推薦書とは、これまでの探究活動や自身の長所、そしてそれらを踏まえて、「自分はこれまでにこんな活動・研究をしてきたから、その大学・学部で○○のテーマについて学ぶ・研究するのにふさわしい」ということをアピールするための書類です。

多くは1000~2000字、という字数制限が設けられていますので、その中で大学入学後に学びたいこと、研究したいことと関連した活動を書くことが求められます。

例えば、大学で経営学を学びたい場合。高校時代にスポーツで全国大会に行った話を延々と書いても、評価対象とはなりづらい。それよりは、ある企業に着目して、その企業のグローバル展開の成功の秘訣を調べたり分析したりしたとか、地域の商店街の活性化策についてインタビューを行なってまとめたなどの活動のほうが、よほどよいアピールになります。

あるいは、大学で哲学を学びたい場合。形《けい》而《じ》上学《じょうがく》についての大学の講義に参加し、その後にハイデガーの『存在と時間』を読んで現代に応用できる点について考えた、などがいいアピールといえるでしょう。

長所についてアピールする際にも、それが入学後の探究・研究活動にどのように生きるのかを明記できるかどうかが、評価のポイントです。**学問に関係のない話を延々としても、あまり意味がありません。**

例えば、文系学部を志望する場合。文系の研究は往々にしてフィールドワークを求められ、その際には多様な関係者と調整・連携しながらデータ収集を行なって自身の仮説を検証していく必要があります。こうした傾向を踏まえると、同じ「部活で部長を務めた」という経験を書く場合にも、

×「部活で部長をやることで、コミュニケーション力を培いました」

と書くよりは、

○「部長をやる中で培ったコミュニケーション力を、行政などと連携して○○の調査を行なう際に生かしたいです」

と述べたほうが、相手にははるかに伝わりやすくなりますね。この辺りをぜひ認識してみてください。

この「自己推薦書」の内容は、どの大学・学部を受けるかによって内容が変わってくるのは当然で、**高1～2の段階で志望する学部を早めに決めて、そこにアピールできる活動をすることを考えていかなければなりません。**

あるいは、**高3の夏の段階から急遽この入試に挑戦する場合は、それまでにやってきた**

**活動と関係のある学部を受けること、やってきた活動とつながるアピールをすることが不可欠です。**

総合型選抜や公募推薦がしばしば「マッチング入試」といわれるのは、このように、受験生がやってきたことや持っている問題意識と、大学が求める学生像がマッチするかどうかが試験結果を大きく左右するから、といえるでしょう。

## 2　志望理由書

次に、志望理由書について解説します。志望理由書は「なぜその大学・学部に入りたいのか？」を説明する書類であり、同時に学問への熱意をアピールする書類でもあります。とはいえ、ただ「行きたい、学びたい」と書くだけでは説得力がありませんし、多くの大学で求められる「２０００字」という文字数に達しません。

大学側が求めている学生像を理解したうえで、「自分がこれまでにどんなテーマについて活動してきて（過去から現在）、それを今後大学に入ってどのように進化させていきたいのか（未来の展望）」を、時系列を意識しながら、１つのストーリーとして書く必要があります。

その際に最も大切なことは、志望理由書は**「自分の言葉で語ること」**です（これは就活時の志望動機も同じです）。

つまり、大学のホームページや資料などからそのまま持ってきたような内容ばかりを並べても、その人ならではの個性やオリジナリティは出ず、熱意も伝わりません。面接官からすると「うちの大学のＨＰの文言をコピペしただけだな」となってしまい、結果的に低評価となってしまうでしょう。

また、**「高校生らしくない文章」にも注意が必要**です。大人が入れ知恵をすると陥りがちなのが、「学問を志すに至った経緯が明らかに高校生ばなれしている」。これは危険です。

私が見たことのある例でいえば、「私が経済学に興味を持ったのは、アジア通貨危機のことについて母から聞いたからです」など。１９９０年代後半、つまりお子さんが生まれるよりずっと昔の出来事について強い問題意識を持ったといわれても、どうしても懐疑的になってしまいます。おそらく面接で、その詳細について問われることとなり、本当に本人の問題意識なのかどうかが測られるでしょう。本人の問題意識でないかもしれないと思われてしまえば、不合格リスクが高まらざるを得ません。

他にも、自分の頭をよく見せたいがために、難しい言葉をあえて多用する高校生もいますが、これも教授から嫌われます。

本当に頭がいい人は、簡単な言葉でうまく説明できるもの。志望理由書は、「高校生が」学問への熱意をアピールする書類であると同時に、学問への熱意を相手にわかりやすく説明する資料である、ということを忘れないようにしましょう。

もう1つ、志望理由書で大切なことは、**「他の大学・学部ではなく、そこでないといけない理由」を論理的に説明する**ということです。必然的に授業内容や教授の研究内容、その大学独自の制度などに着目して書くことになるため、大学・学部研究が必要となります。

下調べを通じて、「どんな目的を持ち、どのように学び、どうやって研究を進めることで社会や大学に貢献していきたいのか」が自分の言葉でしっかり書ければ、合格に近づく可能性が高まります。

また、**志望理由書はその後の面接でも重要な役割を果たします。**面接では、志望理由書を踏まえて詳細な質問がなされるからです。そのため、**面接で突っ込まれて困ることははじめから書かない**ほうがよいでしょう。

他人による志望理由書の代筆はもってのほかです。記載内容が本人のキャラクターと全然合っていなければ、面接で容赦ない質問が浴びせられ、落選することになります。どんなに大変でも、書類は必ず自分で書きましょう。

なお、自己推薦書と志望理由書の両方の提出が求められる場合には、人物や志望動機としては一貫性を持たせつつ、内容自体は書き分けることが求められます。わかりやすい書き分けとしては、**「過去の部分は自己推薦書で手厚く書き、志望理由書には現在から将来の部分を書く」**と意識するとよいでしょう。

似ているところもあるとはいえ、あえて2種類の書類の提出が求められているわけですから、その意図をくんで、内容を重複させすぎないようにしましょう。

## 3　入学後の学習計画

よくある提出書類の３つ目が、「入学後の学習計画」です。「学習計画」という書類そのものが求められることもありますが、書類自体の求めがなく、志望理由書の文字数が１６００字や２０００字など多めに設定されている場合には、志望理由書に盛り込んでいただいてもかまいません。

ここで書くべきなのは、文字通り、「入学後にどのようなテーマについて、どのように学習を進めていくつもりか」です。具体的に、かつ志望理由と関連づけて書きましょう。

例えば志望理由として、

高校時代に模擬国連の活動で発展途上国の経済開発に興味を持ち、途上国の開発状況についてＪＩＣＡの人にインタビューをしました。その結果、〇〇なことがわかったので、大学では開発経済学について学ぶ中で、さらに学びを深めていきたいです。

などと述べている場合、入学後の学習計画ではその続きを書くべき、ということになります。それを具体的に、「1年次に開発経済学の講義を受講する」「○○プロジェクトに参加して東南アジアに視察に行く」「○○先生のゼミに入り、フィリピンの経済発展についてフィールドワークを行なって調査する」などと書いていきます。

よく、学問を志したきっかけや志望動機と全然関係のないことを書いてしまう人がいます。特に注意が必要なのが、「大学でも部活を頑張りたい」「留学に行きたい」「就職に有利そう」などの理由で大学を選んだ場合です。そうした高校生の多くは、志望理由書の「学問を志したきっかけ」についてはなんとかひねり出してでっち上げるものの、この「入学後の学習計画」でボロが出てしまいます。

あくまでこの書類で聞かれているのは、**志した学問に対して、どうアプローチしていくのか、**という点です。学問や研究について書かなければ、「ああ、この子は別に学問がそこまでやりたいわけではないんだな」と思われてしまうのは間違いありません。

## 4　活動報告書

活動報告書とは、お子さんがこれまでに取り組んできた課外活動や部活動、大会やコンクールの成績等を記載する書類です。

総合型選抜で活動報告書の提出が求められる場合には、その取り組みについての客観的な事実を書くとよいでしょう。「客観的な事実」とは、例えばボランティアなら、誰が主催するどのボランティアに参加したのか、いつ・何回参加して、どんな活動をしたかといったことです。写真を添えるのもよいでしょう。

内容に関しても、**大学入学後の学びにつながる活動を記載する**ことをお勧めします。

もしまだ活動報告書に書けるようなことをしていない場合には、ぜひ時間をつくって実施してみてください。

例えば、福祉コミュニティ学科を受けるのであれば、ボランティアなどで生活保護の人に炊き出しを行なった活動などはいいですね。キリスト教会などの炊き出しを行なっている施設にアポイントをとって参加させてもらい、そこでの活動を写真や文にして報告してみてはどうでしょうか。

このように、アピール入試は**志望大学・学部、つまりゴールをなるべく早く決め、それに関連する活動を戦略的に積み上げることが不可欠**です。

特にこの活動報告書は、自己推薦書とほぼイコールの役割を果たしますので、なるべく早くから手をつけ、客観的な事実として記録しておくとよいでしょう。

## 5 調査書・推薦書

「調査書」は、お子さんが通っている高校が、高校入学時〜願書提出時の期間のお子さんの学習態度や学校生活について記述した書類です。

アピール入試では学力試験を行なわない代わりに、ほとんどの大学が調査書の提出を義務付けています。その主な理由は以下の確認です。

- 高校を卒業したか、または卒業見込みがあるのか
- 評定平均はどの程度なのか
- 欠席日数や遅刻・早退の数

このなかで注意が必要なのは、**「評定平均」**と**「欠席日数や遅刻・早退の数」**です。

「評定平均」については、全体の平均を見られるのはもちろん、各科目の評点も見られて

いると考えてください。そもそも出願基準が「全体の評定平均が3・8以上、かつ英語の評定が4・5以上」などという場合、英語の評点が基準に達していなければ、いくら全体の評定平均がよくても書類が通ることはありません。

また、科目ごとの評定の基準が示されていなかったとしても、数学の成績が悪いお子さんが経済学部などを受ければ、面接の場で、

「君は数学の評点が低いみたいだけど、この学部だと大変だと思うよ。どうリカバーするの？」

などの質問を受けることになるでしょう。このように、**志す学問に対してネガティブな要素がある場合には、そのリカバリー策についても考えておく必要があります。**

「欠席日数や遅刻・早退の数」については、「少ないほどよい」というのはいうまでもありません。高校によっては「3回の遅刻・早退で欠席1回分」などとしているところもあるようですが、いずれにせよ**欠席日数の多さは致命的**です。特に、**欠席日数が3年間で計10日以上ある場合は、不利に働く**と見ていいと思います。

その背景には、入学後への懸念があります。大学は学問の場といえど、商売でもありま

す。そのため、大学としてはきちんと通ってもらって授業料を納めてもらわねば困るわけです。その立場で考えれば、

「高校をたくさん欠席している子は、大学に入ってからも欠席が多くなって、中退のリスクが高いのではないか。ならばこの子は通すのをやめよう」

と思われても仕方ありません。実際、学生の中退に頭を悩ませている大学は多く、その防止のために、新入生に向かって「友達をつくりましょう。部活やサークル、学園祭など、授業以外の活動にも参加しましょう」と推進している大学も珍しくありません（上位校でも例外ではありません）。

「学生の中退への懸念」に関係して、注意が必要なのは、不登校や、不登校による通信制高校への転学生です。不登校の理由は人によって様々ではあるものの、事務的には「欠席扱い」になるため、どうしても不利になってしまいます。

また、一般的には「友達との人間関係や、先生との関係」を理由に不登校になることが多いため、やはり上記同様に、「大学でも人間関係によってまた不登校・中退になってしまうのではないか」という大学側の懸念は避けられません。

通信制高校はそれ自体で減点されることはありません。しかし、私の感覚としては大学

教員からはよくないイメージを持たれやすい印象があります。

「今、面接しているこの子、ちょっと暗い印象だな。コミュニケーション力が低いな。なんでだろう？」

↓

「あ、通信制高校ね」

↓

不合格

のような印象です。ということは、通信制高校に通っている方は、最初に「暗い印象」「コミュニケーション力が低い印象」を持たれないことが大切だと思います。**面接では、明るく元気に話すようにしましょう。**

なお、調査書は1回の出願につき1通必要なので、3つの大学・学部を受験する場合は3通必要となります。高校によっては調査書が発行されるまでに時間がかかる可能性もあるため、**予備の分もまとめてもらっておく**ことをお勧めします。

次に、「推薦書」についてです。

推薦書は高校の担任の先生や校長先生、その他身近な人に書いてもらう書類です。依頼する際には、志望大学や志望学部はもちろんですが、自己推薦書や志望理由書への記載内容を伝え、その内容を補強してもらいましょう。

例えば自己推薦書に、

> 私は難民問題について大学で学びたい。なぜなら、高校時代に模擬国連の活動で難民問題の解決の難しさについて学んだからだ。

と記載しているとしましょう。それならば、推薦書に書いてもらうべき内容は、

> ○○さんは模擬国連の活動を精力的に行なっており、そこでは積極的にコミュニケーションをリードしていました。また、難民問題についての文献を複数読んだり、ワークショップにも参加したりしていました。これらのことから、○○さんが大学で難民問題について学ぶことは貴学にとっても社会全体にとっても大きくプラスになると

考え、推薦します。

などとなります。学校の先生であっても、推薦書に何を書いたらいいかわからない場合も多くあります。その場合には、自分で書き上げた自己推薦書を添えた上で、

「推薦書には〇〇のことについて、A→B→Cの順で書いてください」

などと指定してお願いしてもいいでしょう。

## 6 課題レポート

「課題レポート」はお子さん自身が問題を提起し、その問題に対して自分の考えを客観的かつ論理的に説明した文章のことです。書籍やインターネット等で調査をしたり、実験を行なってデータを集めて分析・考察をしたりして、自分なりの結論や解決策を示すことが求められます。

　つまりこれは、「課題レポート」と呼ばれてはいるものの、探究活動の一種でもあります。ですから、大学側が「課題レポート」のみを課している場合には、特に活動実績はなくとも、それをこなせばいいということになります。

その代表的な大学は上智大学で、アピール入試の出願時にはこのレポート課題は必須です。そのため、例年高３の夏頃になると、当塾に多くの学生が駆け込んできます。

上位校がアピール入試でレポートを課す理由は、高校までの「勉強」とは異なる「研究」に必要な姿勢や力を問うためです。

１３９ページでもお話ししたように、高校までの学び（勉強）と大学での学び（研究）は、あり方がまったく違います。つまり、大学で研究に取り組む学生には、自分自身で課題を見つけ、その課題を解決する力が求められているわけです。**大学で得られる指導はその分野の第一人者との師弟関係によるものであり、入試はその弟子を選び出すものである、**と考えると、このレポートの意義が見えてくるのではないでしょうか。

では、アピール入試で高く評価されるレポートを書くためのポイントは何でしょうか？具体的な内容や書き方は、１６８ページ以降の「小論文」の解説と重複するため、そちらを参照してください。ここでは、内容以前の４つのポイントを紹介します。そのポイントとは、

1　文章の構成

2　言葉づかい
3　文体
4　参考文献や出典の書き方

です。

まず、「文章の構成」ですが、レポートは基本的に、**「序論」「本論」「結論」の3部構成**で書き上げます。

序論はレポートの導入部分で、テーマや目的、提起したい問題等について述べていきます。「なぜそのテーマでレポートを書くのか」「考察を通して何が得られるのか」をわかりやすく簡潔にまとめましょう。分量の目安は、レポート全体の10～20％程度です。

本論はレポートのメインです。序論で提起した問題について、客観的事実を並べながら原因や調査内容、解決策について論述していきます。レポートの評価は、この本論によって決まるといってもよく、それだけに、客観性と説得力のある文章が求められます。分量の目安は、レポート全体の60～80％程度です。

最後に結論は、そのレポートのまとめです。本論で展開した主張を簡潔にまとめ、さらに、「その考察を生かす方法」や「今後の展望」についても述べておくと、高評価につなが

### 「話し言葉」は「書き言葉」に言い換えを

| 話し言葉 | 書き言葉 |
|---|---|
| どっち | どちら |
| ちゃんと | きちんと |
| でも／だけど | だが／しかし／けれども |
| やっぱり | やはり |
| とっても／すごく | 非常に／きわめて |
| ～じゃない | ～ではない |

ります。分量は、全体の10～20％程度が目安です。

続いて、「言葉づかい」です。課題レポートを書く際は、話し言葉（口語）ではなく、必ず書き言葉（文語）を使うようにしましょう。

上の表は、レポートで使ってしまいやすい話し言葉と、それを書き言葉にしたものです。

「文体」に関しては、「です・ます調」で書いても問題はありませんが、**「だ・である調」で統一したほうが、視覚的にスッキリ見えるだけではなく、説得力を高めることができ、おすすめです。**

「言葉づかい」や「文体」は、レポート以外の文書（例えば自己推薦書や志望理由書、活動報告書）も同様です。

また、つい文末を「～だと思う」としてしまいがちですが、この**「思う」は、書き手の主観的な判断や考えを示す表現であり、客観的な理由や根拠に基づく主張が求められるレポートには適しません。**

最後に「参考文献や出典の書き方」ですが、**何かを参照してレポートを書いた場合、その参考文献は全て挙げておかなければいけません。**

レポートで見られているのは、結論そのものだけではありません。「すでに誰かが明らかにしていることをどのように踏まえて、どのように自分自身の見解を述べるのか」という論理展開も重要です。

参考文献や出典がなくただ自分の考えを述べるだけでは単なる作文にすぎず、また、明らかに参考文献や出典に値《あたい》しないものを踏まえている場合には情報リテラシーの有無が疑われることとなります。そうした基準を満たした文章であることを示すためにも、そしてレポートの裏付けを明記するという意味でも、参考文献を出す際の表記やページ数の扱い方、そしてネット記事を参考にする際のルールを押さえておきましょう。

次のページにそのルールを簡単に記載しておきます。

なお、インターネット上の記事は掲載後でも書き換えたり削除したりすることが可能で

## 参考文献を出す際の記載項目

- 著作者（または編さん者）
- 論文タイトル
- 書籍名
- その書籍の発行年
- その書籍を発行した出版者（または発行者）
- 掲載ページ

例：泉井久之助（1981）『言語の構造』紀伊国屋書店.

**【ページの表記ルール】**

- ページ数が単数の場合は「p.」を使う
- 複数の場合は「pp.」を使う

例：「p.6」「pp.111～117」

**【インターネット記事を参考にした記載項目】**

- 著作者
- タイトル
- サイト名
- 情報公開日（記載があれば）
- サイトのURL
- 参照した日

例：指宿信（2000）「ネット文献の引用方法について―学術資源としてのネットの可能性―」, <http://www.ne.jp/asahi/coffee/house/ARG/054.html> 2004年5月7日アクセス.

す。そのため、サイトのＵＲＬを記したうえで参照した日を書くことで、いつの時点の情報を取得したのかを記載します。

参考文献の書き方はある程度フォーマットはあるものの、大学によって細かいルール（記載の順番や区切るために使う記号など）が異なります。課題レポートで参考文献の書き方に指定がある場合は、必ずそのルールに従って表記してください。

各大学図書館、あるいは学部ごとに、ウェブで書き方を紹介している場合も多くあります。迷った場合は志望校・学部のサイトで調べてみてもよいですね。

論理的根拠を明示しながら自身の意見や主張を述べるのは、一朝一夕でできることではありません。高2くらいから、小論文など、論理的な文章を書くための訓練をしておきましょう。

COLUMN

# 「願書」の出し方

総合型選抜・公募推薦に限らず、どの入試方法でも必要になる書類が願書です。

願書には、氏名、住所、出身高校、志望学部・学科等の基本情報を記載します。最近ではほとんどの大学でインターネット出願が可能です。大学の公式ホームページから出願しましょう。

願書は無料である場合が多いですが、なかには有料で販売されている場合もあります（料金は大学によって様々です）。インターネット以外で出願する場合は、以下の方法で願書を手に入れることができます。大学ごとに願書の入手方法は異なりますので、1件1件、しっかりと調べましょう。

- 大学の窓口で受け取る
- オープンキャンパスや入試説明会でもらう
- 高校や予備校でもらう
- 資料請求が可能なサイトから入手する
- 書店で購入する

# 上位大学に合格するための「小論文」攻略法

アピール入試では、「課題レポート」や「小論文」など、論理立った文章を書く能力を測られるのが一般的ですが、ご家庭で効果的な対策をするのが難しいものでもあるでしょう。

ここでは、本試験の中心であり、難易度のより高い「小論文」に焦点を当て、そもそも「小論文って何？」というところからお話ししていきたいと思います。

## 小論文とは何か？

小論文とは、与えられた課題や問いに対して、「自分の意見」と「その理由・根拠」を述べるものです。小論文の「論」は議論の論と考えていただくとわかりやすいかもしれません。

「簡単には答えの出せないテーマについて、自分の意見を、根拠をもとに論じることで、相手を説得する文章」、それが小論文です。出題テーマは多くの場合、賛否両論、意見が分かれるものが選ばれます。

**設問例**

- 夫婦別姓についてあなたの意見を800字で書きなさい。
- 最近の時事問題について1つ取り上げ、報道のあり方を含めながらあなたの考えを2000字で述べなさい。
- 新潟県の地域活性を実現する方法について、1200字で述べなさい。
- グローバル経済はどのようにして貧困や環境問題を生んだか。あなたの考えを800字で述べなさい。

このように、「社会情勢」が「志望学部と関連づけて」出題されるのが、小論文の特徴といえるでしょう。

１つ注意が必要なのは、**小論文は、多くの高校生が書き慣れている「作文」や「感想文」とは違う、**という点です。実は、小論文試験で作文を書いてしまう高校生は、例年、少なくありません。というのも、日本の教育は周囲との協調性を育むことに重きが置かれていて、根拠のある自分の意見を求められる機会はあまりないからです。**作文や感想文は出来事や感じたことを自由に表現するための文章であり、自分の意見を根拠に基づいて論理的に表現する小論文とは根本的に異なります。**

ご家庭では、こうした前提に基づいて小論文の訓練をする必要があるのです。

## 「いい小論文」とは？

試験で評価される「いい小論文」とはどのような小論文でしょうか？　その答えは、**「論理的思考力」と「論理的表現力」を備えた文章**です。

論理的思考力とは、物事を筋道立てて考えていく力のこと。そして論理的表現力とは、物事を筋道立てて説明する力のことです。

では、次の文を「論理的思考力」「論理的表現力」という点で見ると、どうでしょうか？

私は小さい頃に祖父を癌で亡くしたので、医師を目指しました。

残念ながらこの文は「祖父を癌で亡くしたこと」と「医者を目指したこと」に論理的なつながりがありません。よって「論理的思考力ができていない文」ということになります。みなさんは、見抜けたでしょうか？

実はこうした論理的な飛躍は、高校生だけでなく、社会人が書いた文章にも多く見られます。それゆえにビジネスパーソン向けのロジカルシンキング研修が活況を呈しているわけなので、ここではお子さんだけでなく、親御さんも気をつけていただければと思います。

さて、先ほどの文を、論理的にする方法を考えてみましょう。例えば次のようにするとどうでしょうか？

私は小さい頃に祖父を癌で亡くし、同じような癌で亡くなる人を1人でも減らしたいと思うようになりました。それで、医師を目指しています。

このようにすれば、先ほどの論理の飛躍は緩和されますね。

では、次の文はどうでしょうか？

私は小さい頃に祖父を癌で亡くし、同じような癌で亡くなる人を1人でも減らしたいと思うようになりました。それで、薬剤師を目指しています。

文そのものは先ほどとほぼ同じですが、目指す職業を医師から薬剤師に変えました。この文だけを読んだ人はきっと最後に、「え？　薬剤師？　医師じゃなくて？」と思うのではないでしょうか。患者にじかに接して命を救うために手を尽くす医師のほうが、論理的に妥当であるというわけです。

こうした**論理の飛躍は、小論文にとっては致命傷**です。

## 小論文の構成・書き方

小論文にはいくつかの書き方がありますが、そのうち代表的なものが、「序論」「本論」「結論」の3部構成です。序論で問題提起をし、本論で意見と根拠を述べ、結論で総括するという流れで、「課題レポート」と基本は同じです。

この3部構成は、大学の卒業論文を思い出していただくとわかりやすいと思います。序論では問題提起や課題の背景、先行研究などを挙げ、これから論じる本論の意義付けを行ないますよね。そして本論では実際に行なった実験や調査の内容・結果を示し、結論ではその結果を踏まえた考察や今後の応用・展開可能性について言及したことでしょう。構成はそのままにボリュームダウンするため、「小」論文というわけです。

また、言葉づかいや文体の注意点も、課題レポートと同様です。161ページを参照してください。

## 「小論文」の力を鍛えるためにすべき3つのポイント

小論文を書く力を鍛えるためにやるべきことは3つあります。

1つ目は、**論理的な書き方を学び、練習・添削を何度も繰り返すこと**です。論理的な書き方の型に関しては、予備校などで指導を受けることもできますし、書籍で身につけることもできるでしょう。そしてその型を使いこなす形でいくつかの演習問題を解く、つまり実際に小論文を書いてみるのです。

ただ、ここでポイントになるのが、**小論文のレベルアップのためには必ず添削者が必要だ**ということです。というのも、人は、自分が書いた文章の良し悪しを自分では判断できません（というか、誰もが「いい」と思って文章を書いているはずです）。そのため、添削は必須。しかも論理性の有無を判断するのは大人でも難しいものですから、できれば専門家に添削してもらうことをお勧めします。

2つ目は、**目指す学部で頻出のテーマについて、背景知識を蓄えておくこと**です。例えば福祉系の学部を受けるのであれば、少子高齢化・貧困・ジェンダー・非正規雇用などのテーマについて出題されることが多いわけですが、これらのテーマについての背景知識がなければ、「そもそも意見が述べられない」か「論理が飛躍したトンチンカンな論述になる」かのどちらかしかありません。**知識がない状態では、他人を説得できる意見は書けません。**

なお、ここで蓄えた背景知識は、この後述べる面接や口頭試問にもプラスに働きます。大学入学後の研究においても役立つものですので、受験する学部で頻出のテーマについては必ず確認しておきましょう。

3つ目は、当たり前ですが、**志望校の過去問を解く**ということです。過去問は大学のウェブページに掲載されていることが多いですが、なければ請求しましょう。文部科学省の定めで大学は過去問を公開しなければならないことになっているため、請求すれば応じてくれるはずです。

過去問を見ると、いくつかの出題パターンがあることに気づくと思います。代表的なものは、以下の通りです。

## 1　課題文型

最も多い出題形式です。日本語の論説文を読み、それについて要約した上で自分の意見を論じる形式が多いです。

背景知識はそれほど求められませんが、筆者の問題意識や論点をきちんと踏まえて自分の意見を書かないと、そもそもの方向性がトンチンカンになって、0点になってしまいます。

## 2　自由記述型

「愛国心」についてあなたの意見を1000字で書きなさい、というような、自由なパターンです。課題文がないため、自分自身で問題提起や原因分析をする必要があります。背景知識の有無が評価にじかに響く形式です。

## 3　データ型

提示されたいくつかのグラフやデータから読み取れることや、その背景・原因について論じるものです。自由記述型ほどではありませんが、この形式も背景知識がある程度、必要となります。

### 4　ビジュアル型

イラストや漫画などから感じたことを自由に記載するエッセイ方式です。例えば、道についての絵を見せられた後、あなたの意見を書きなさい、といった問題があります。この場合は、5W1H（when, where, who, what, why, how）をしっかり考え、表現する必要があります。

### 5　理系型

自身の意見を、数式や化学・物理法則を用いて論じるものです。これは記述型の理系問題と見てよいでしょう。

### 6　複合型

1～5の複合問題です。

### 7　講義理解力試験型

最初に講義を聞き、それに関するレポートを作成するものです。主な流れは以下の通りです。

**①講義の受講（45～60分）**

受講中はＡ４の用紙にメモがとれるようになっています。レジュメが配布されることもあります。

↓

**②講義に対する設問への回答（45～60分）**

多くは講義に関連する設問が与えられ、Ａ３の解答用紙に字数無制限で回答します。「講義の要約」「講義を要約しつつ自分の考えを述べる」等、記述内容は大学や年度によって異なります。

「講義理解力試験型」の場合は、講義メモが評価に大きな影響を与えます。というのも、受講中に重要な部分をメモに残せていなければ、いいレポートを書くことができないからです。

そこで講義を聞く際に意識してほしいのが、**「キーワード探し」**、つまり、**「この講義で一番に伝えたいことは何かを理解しよう」と努めること**です。重要なキーワードは講義中に何回も繰り返されるほか、声のトーンが変わる教授もいます。そのキーワードを軸に講義メモをつくっていくのです。

なお、講義のテーマについては、年によって傾向があります。事前に背景知識を蓄えた上で講義に臨むこともかなり有効ですので、その下準備を行なっていくとよいでしょう。

このような出題傾向は、過去問を解くことで理解し、慣れることができるはずです。加えて、制限時間を計りながら、原稿用紙・レポート用紙を正しく使えるかどうかのチェックもできます。**過去問は最高の実践問題集**といえるでしょう。

# 合格実例から見る「求められる回答レベル」提出書類・小論文編

ここまで、アピール入試で多く求められる提出書類・小論文の内容や対策のコツについてお話ししてきました。

では、具体的にはどのような回答をすればよいのでしょうか。

本項目では、提出書類の中でも差が付きやすい「志望理由書」と「課題レポート」「小論文」について、合格実例をもとに求められる回答レベルを探っていきます。

## 志望理由書

### お茶の水女子大学生活科学部人間生活学科
### フンボルト入試（総合型選抜）　志望理由書

**合格実例**

私は将来、格差問題に尽力することで、「子供達が生まれた環境の制約を受けずに生きられる社会」を作ります。

高校2年生の時、高知県に国内留学をし、現地の公立高校に通ったことが、格差を意識する契機となりました。経済的な理由から進学を断念し、農家の相続を強いられる級友の姿を目の当たりにし、自分の無力感と疑問を覚えました。加えて、地方では奨学金等の補助制度の情報も少なく、情報格差も選択肢の狭量さを助長すると実感しました。そこで、他者との対話が情報の枯渇を改善すると考え「おむすびプロジェクト」を始動させたり、講演会を主催したりするなどの活動を行ないました。しかし、石井光太氏『格差と分断の社会地図』、湯浅誠氏『反貧困』等、格差に関する書籍を読んだり、高校生リーダーとして花まる学習会サマースクールへの参加、未来の学校について起業家達が語るイベント「みらいの学校Ｆｅｓ」への登壇など教育の場に携わった際、そのような場に参加をして可能性を広げる子供達がいる一方で、家庭環境という経済的理由から義務教育課程すら修了できない子供達が日本中に存在することを知り衝撃を受けました。そこで、第一に、教育を受けられる最低限の生活を保障すること、つまり経済格差の是正が必要だと考えました。こうした経験から、経済格差と情報格差の2点に取り組み、子供達が十分な教育を享受し知識を得た上で、将来の選択が可能な社会を作りたいと思うようになりました。

　そこで、私は貴学の生活科学部人間生活学科への進学を希望します。貴学では、第一に学際的・領域横断的な学びが可能です。格差問題に取り組むには、格差を拡大させた「新自由主義」等の経済学や、困窮者を救済する手段である法的な制度を利用するための法学的な知識、そして格差の現状を当事者の目線に立って把握するために社会学等の様々な視点から切り込んでいくことが必要だと考えます。第二に、実践の場が多く設けられています。上記の活動をする中で、ファシリテーション能力やリーダーシップを要する場面に何度も直面しました。その際、それらの能力を身につけるには、実際に役割を担い、実践する必要があると実感しました。貴学の少人数教育を軸とし討論を取り入れた授業、学生間はもちろん、教授―学生間での密度の濃い対話を通じて、その力を養えると考えます。第三に、国際性を意識した教育体制があります。社会保障を学んでいく上では、手厚い制度を持つ北欧をはじめとした海外の事例にも目を向け、実際に現地に赴く必要性もあると考えます。留学プログラムの充実はもちろんのこと、国内にいても実践的な英語力を身に着けられる、ACTプログラムや外国語教育センターなど充実した支援体制に魅力を感じました。

以上の理由から、私はお茶の水女子大学生活科学部人間生活学科への進学を希望します。

**解説**

この志望理由書は、3つの理由で優れています。

1つ目は、**「自分の体験」に基づいて「自分の言葉」で書けていること**です。よく、志望理由書に、大学のウェブページに書かれている「学べること」を羅列して、「これも学びたい、あれも学びたい、だから志望した」と書く人がいます。しかし、それは戦略としては大間違い。

大学からすれば、「○○がうちの大学で学べることは知っとるわ！　それよりも、君がなぜそれを学びたいと思ったのか、その背景を書け！」というわけです。こうした点に応えるためには、自分の体験をもとに自分の言葉で書くことは必須です。

２つ目は、**高校時代に行なった探究活動が記載されていること**です。国内留学を通じて格差問題を体験し、書籍を読んだりセミナーに参加したりして現状についての理解を深めた点、加えて、そうした問題の原因に「新自由主義」があるという考えを述べている点がしっかり伝わります。さらに、解決策として北欧モデルの有効性についても言及しており、「本当にこの問題に取り組むつもりがあるんだな」ということがわかります。

受験のために「格差問題に興味があります」といっているだけの高校生とは違い、しっかりとした中身が感じられます。

３つ目は、大学の授業や支援体制を、自身の解決したい問題に取り組む手段として言及し、**「なぜ他の大学ではなくお茶の水女子大学なのか」に答えている点**です。この書類の採点者は、「偏差値が高いからではなく、格差問題を解決するために最適な環境であるから、この高校生はうちを選んだんだな」とわかります。本書類からは、学問への能動的な姿勢が伝わってきますね。これは文句なしに通過するはずです。

## 中央大学文学部社会学専攻　志望理由書

**合格実例**

社会学の学びを通して、セクシュアルマイノリティーにとってより生きやすい世の中を作りたいため、志望する。私がセクシュアリティーに興味を持ったのは、自身が両性愛者だと気付き、ＳＮＳを通して、セクシュアルマイノリティーの方々と関わるようになったことがきっかけである。それまでも好きなアーティストの方がＬＧＢＴＱだったためにセクシュアルマイノリティーという言葉は知っていたが、リアルな経験や感情を目にして、セクシュアリティーに悩む人の多さを知った。ＬＧＢＴＱを差別しない人が増えている、差別なんてほとんど無さそうにも思えるが、セクシュアリティーに関するマイクロアグレッションは今もなお多発しているし、今までの自分のように、ＬＧＢＴＱの権利推進活動に何の拒否感・嫌悪感もないながらも大手を振って賛同しているわけでもない、どっち付かずの〝無関心〟に近い人が多いという状況である。このような状況になっているのは、ＬＧＢＴＱの人たちの実態や心理、行動について一般の人が知る機会が少ないことが原因であると考える。事実、私が自身がＬＧＢＴＱだと気づいていなかった時に学校の教科書でＬＧＢＴＱのことについて学んだときは、「そういう人もいるんだな、でも私の周りにはいないな」としか思えず、どうしても他人事としてしか捉えられなかった。よって、私自身が当事者としてインタビューの調査をした上で、ＬＧＢＴＱの方々の立場や考え方を広めることで、セクシュアルマイノリティーにとって生きやすい世の中にしたいと考えている。

その上で、貴学の文学部社会学専攻を志望した理由は二つある。一つ目は文学部全体の約７００の専門科目のうち、約４００科目は専攻に関係なく選択できることだ。社会学は幅広く、時代や環境によって変わる学問なので、４００もの専攻外の専門科目から、自分が本当に研究したいジェンダー・セクシュアリティーへのアプローチを探せる環境が魅力的である。二つ目はファカルティリンケージ・プログラムという学部の垣根を超えた実践的な学びができる教育プログラムに惹かれたからだ。ジェンダー・セクシュアリティーの問題を解決するためには政策面からのアプローチも有効であると考え、総合政策学部の授業や知識も必要だと捉えているので、ＦＬＰの地域・公共マネジメントプログラムに参加したいと思っている。入学後は１・２年次は社会問題や社会政策、社会心理学などの授業を選択し、社会学の基礎、社会問題について学び、３年次には、家族を軸に現代社会研究されている、〇〇〇〇教授のゼミに入り、討論しながら現代日本社会にセクシュアリティーの理解をもっと進めるためにどうしたらいいのか、同性パートナーが家族となるためにはどうしたらいいのか研究したい。

以上のことから貴学の文学部社会学専攻を志望する。

## 解説

この書類は、以下の点で優れています。

1点目は、**テーマが明確**であること。セクシュアルマイノリティーの当事者が、自身の体験から書いている点は非常に印象的です。

2点目は、**研究のアプローチが明示されていること**です。この書類では、ＬＧＢＴＱの問題が解決されない原因を、「ＬＧＢＴＱの人たちの実態や心理、行動について一般の人が知る機会が少ないこと」にあると述べ、大学入学後はそういった境遇の方の状況をインタビュー調査をし、広めることで、問題を解決しようとしています。

現在課題となっている問題に対し、その真の原因を調査・解明することで、解決策を立案する、という研究の本来の目的に沿った内容になっていて、大学教授には好印象でしょう。

３点目は、**大学を選んだ理由**について、セクシュアリティーの問題を学ぶ上で最適であるから、ということがよく伝わってくることです。セクシュアリティーの問題は人権・経済・政治・政策など、様々な分野に関わってきます。それらを複合的に学ぶことで、本問題に対して有効な解決策を出したい、という意気込みと可能性を感じさせてくれます。

４点目、特に他の受験生との違いにもなり得るのが、**卒業論文のテーマもほぼ決まっている点**です。

受験生で卒論のテーマを決めていることは大変珍しいばかりでなく、入学後も多くの大学生が、卒論のテーマ決めで苦労をすることになります。特に、なんとなくで大学に入った学生ほど、卒論のテーマは決まらないものです。この点について、仮かもしれませんが、すでに決めている。そのことから、学問を真剣にやりたいという熱意を感じることができるでしょう。

## 慶應義塾大学総合政策学部　志望理由書

**合格実例**

私は、高齢者の精神的問題と身体的問題を解決する「柔道療法」を広める方策を学びたいと考え、貴学の総合政策学部を志望する。

私が高齢者の問題に興味をもったきっかけは２つある。１つ目は祖父母が定年を機に人と関わることや社会参加機会が減り、鬱病《うつびょう》を発症してしまったことだ。このことから、人との関わりや地域社会との関係は精神の安定に大きく影響すると考えるようになった。２つ目は、幼い頃から通っていた書道教室の先生が年を重ねるにあたり、よく転倒し入院するようになったことだ。先生は転倒しない体づくりや、けがを防ぐための体の使い方を身につけたいと話していた。私は２つの出来事から、高齢者が抱える精神的問題と身体的問題の２点に興味を持ち、それぞれの問題についての現状を調べた。

精神的問題については、地域コミュニティの減少、趣味や運動活動への参加の減少、社会的に孤立する人の増加などが原因となっていることがわかった。特に社会的孤立については、２０２１年に統計局が高齢者世帯のうち35・１％は１人暮らし高齢者世帯であると発表している。少子高齢化になって高齢者が増加している一方で、高齢者と家族や友人、住まいの地域社会とのつながりが希薄になっていることがわかる。地域力や仲間力が衰退している社会的な背景も相まって、高齢者の鬱病が増加しており、社会的な問題となっている。

2つ目は身体的問題である。前述したように、高齢者の転倒によるけがや入院も増加している。高齢者の3人に1人は1年間に1度以上の転倒を経験するとされ、転倒による不慮の事故は窒息に続き第2位であり、交通事故を上回っている。これは、予備力・回復力の低下、睡眠の質の低下、骨密度・筋肉量の低下などが原因となっている。転倒を防止する工夫はもちろん必要であるが、転倒した際のけがの程度を軽くするためにも身体的な能力の維持や、予防も重要であると考える。

上述した2つの課題解決のため、私は柔道療法が有効であると考えている。柔道療法とは、柔道の競技性ではなく、柔道で使う受け身などの動作を通じて、心身共に健康の維持増進を図るためのものである。帯を結ぶなど手先を動かし脳を刺激するシンプルな動作から、回転運動や受け身などの全身にハードな力を加え、骨や筋肉を刺激する動作などで身体を鍛えることができる。現在、柔道は競技性だけでなく、学校の授業や障がい児の育成プログラムなどあらゆる場所で使われており、高齢者にも十分に効果があると考えている。高齢者の精神・健康課題については柔道以外にも様々な療法があるが、柔道療法が優れている点は3つある。1つ目は、コミュニケーションの機会が得られる点である。ヨガやウォーキング、水泳など既存の療法は、1人で活動でき、他者と会話する必要がないものが多い。しかし柔道は必ず相手が必要になってくるため、他者との会話の場に適している。2つ目は、柔道の動作は全身にハードな力を加えることできる点だ。骨粗鬆症《こつそしょうしょう》や筋力の低下の改善には、ハードな力を骨や筋肉に加える必要があるからだ。3つ目は、転倒防止につながる点だ。柔道の受け身を覚えることで、転倒時のけがの予防や軽減に繋がるため、転倒時の不慮の事故の防止に大きな効果があると考えている。

　とはいえ、柔道療法はその認知度が低かったり、競技としてのイメージから偏見や誤解があったり、組織運営方法が確立されていないのが現状である。しかし、地元の整骨院で高齢者を中心にアンケートをとった結果、柔道療法をしてみたいと答えた人が72％いたことから、普及する可能性は十分にあると考える。

　柔道療法を普及していくためには、高齢者についての知識やヘルスコミュニケーション、団体設立や組織運営などの分野を学際的に学ぶ必要があるため、貴学の総合政策学部での学びの環境を魅力的に感じている。入学後は、〇〇研究会に所属し柔道療法を通した地域コミュニティの形成や包摂社会の実現に必要な知識についての学習に励みたい。また、高齢者施設や老人ホームで柔道療法を実施し成果をまとめ、データをもとに柔道療法のよさを広められるようにフィールドワークにも力を入れていきたい。そして、柔道療法を多くの高齢者に取り組んでもらえるように、将来は柔道療法の団体を作ったり、既存の政策に取り入れる方法についても学びたいと考えている。そのため、NPOや会社などの設立や、経営や個益と公益のデザイン、社会政策についての学習にも積極的に取り組みたい。

私は5歳から柔道を始め、高校1年時には全国大会で優勝し、世界大会では3位に入賞することができた。貴学の学際的な環境での学びと私が培ってきた柔道を融合させることで、高齢者が抱える課題の解決を実現していきたいと考え、貴学総合政策学部を志望する。

### 解説

この書類では、高齢者の身体的・精神的課題の原因を分析し、柔道療法が有効であるということを論じています。ポイントとなるのは、それを単なる現場での解決策として考えているのではなく、**政策にするためにどうすればよいのかについて学びたいとしているところ**です。

加えて、大学からすれば柔道のエキスパートを研究チームに加えることで、既存の社会課題に対する新しいアプローチの可能性が広がるため、**入学させることにメリットを感じられる**でしょう。

スポーツを頑張った高校生はスポーツ科学系とは相性がいいのですが、その他の学部にはどうしてもマッチしにくい傾向があります。その点、この事例はスポーツを社会課題解決のツールとして捉え、その有効性について研究したいということが明確であるため、「そのアプローチがあるのね」と相手に思わせることができている、非常にレベルの高い事例です。

## 課題レポート・小論文

続いて、課題レポートや小論文の課題内容です。

## 上智大学文学部新聞学科　課題レポート

**課題**

最近の時事問題の中から関心をもったテーマを1つ選び、よく調べた上で、それに関する報道のあり方の点も含め、当該テーマについてのあなたの意見を述べなさい。

※対象とした新聞記事、放送番組などについては、新聞紙名、局名・番組名、年月日等、参照した文献については、著者名、書名・論文名、出版社名、刊行年月等、その出典を明示すること（Ａ４で２０００字程度）。

**合格実例**

私が注目したのは、東京五輪開催前後の報道姿勢の変化である。

開催反対を表明していた情報番組が行なった開催後の熱狂的な報道に対し、ネット上でも「手のひら返し」がトレンド入りした。特にテレビ朝日系「羽鳥慎一モーニングショー」やＴＢＳ「サンデーモーニング」に関しては辛辣《しんらつ》であった。開催前後で大きく世論も変動し、7月17・18日の「朝日新聞」世論調査では、開催賛成が33%、反対が55%であったが、8月7・8日では、開催は「良かった」が56%、「良くなかった」が32%と逆転した。今回の五輪はコロナ禍の不安による「反対」と、スポーツに勇気づけられたい気持ちによる「賛成」という矛盾を抱えていたのだろう。

大衆に広く情報を伝達する役割を担うマスメディアにとって公平性は重要だが、人々が社会問題について考え、深く議論を進めていく上で、マスメディアが同調圧力をもたらす「世論」に振り回されず、人々を討議に導き公共性を構築する「世論」を示すことができる報道機関であるべきだと考える。そのためには、理性的で首尾一貫した意見を主張することが必要だと感じる。しかし様々な点から考察するとその困難さを招く三つの理由があると考える。

一つ目の理由は、日本の放送界の構造にあるのではないか。アメリカでは連邦政府機関ＦＣＣが、フランスでは視聴覚高等評議会が、行政機関に属さず放送界全体を監督している。これに対し、日本は政府が放送法を定め政治的公平さや多角的な放送を義務づけている。加えてアメリカではＦＣＣが１９８７年に公平原則を破棄し自由な議論を行なうよう定めた。それに対し鈴木秀美慶應義塾大学教授は、制度としてはそのほうが良いが、独立行政委員会が仮にできたとしても日本では社会的条件の整っていないため、かえって規制権限が強化されてしまうことを指摘している。このことから、放送法の存在、政府の関与もあり、議論を深めるための一貫した主張ができないのではないだろうか。

二つ目は、五輪とメディアの関係性にあると考える。五輪は映像メディアを介しドラマティックに演出される「メディア・イベント」であり、開会式、閉会式は全世界に向けての非日常的セレモニーだ。ＩＯＣは収入の多くを放映権料から得ており、五輪の商業化が指摘される。全国紙もオフィシャルパートナーであるため、開催に否定的な見解を持ったとしても、五輪を無視できない状況にあり、盛り立てる報道をせざるを得ないのではないだろうか。

三つ目は、テレビの情動的な特性である。5月2日の「サンデーモーニング」では、ジャーナリスト青木理氏が五輪中止を強く意見し、司会者関口宏氏が悲痛な面持ちで耳を傾ける構図であったが、8月8日はスポーツコーナーを全て五輪に費やし、解説者が選手の活躍を称え、にこやかな表情で傾聴する司会者という構図であった。テレビは新聞とは違い、映像や音声を用いるため、カメラワーク、ショットの長さやつなぎ方、効果音やＢＧＭを用いて、視聴者に情動的共感を促す。京都大学社会学教授の佐藤卓己氏も、新聞などの「内容を伝達する」活字メディアに対し、テレビは「印象を表現する」特徴が強いと言っている。このことからわかるように視聴者は視覚的刺激の強い報道に共感、共振してしまう。今回も開催を批判する報道により不安を掻き立てられ、一方で五輪を盛り立てる報道による興奮や感動が、よりエモーショナルに視聴者に伝わってしまったため、理性的で一貫した姿勢を示せなかったのではないだろうか。

この三つの理由により、理性的で首尾一貫した番組構成は困難だと感じた。一つ目の放送法や政府の関与を変えるのには時間を要する。また、二つ目のメディア・イベントとしての特性を変えることは難しいだろう。

そこで三つ目の理由に着目して提案を行ないたい。それはあえて情動的な技法を抑えた、冷静な報道番組を制作することだ。ホロコーストを扱うクロード・ランズマン監督の『ＳＨＯＡＨ』では、9時間半の大作だが、再現映像や効果音を使わず、インタビュー映像もほぼノーカットである。証言者の長い沈黙や感涙シーンも流し、あえて感傷的にはせず視聴者の想像力に委ねる作品となっている。ランズマン監督は、ナチに対しても道徳的判断はせず、事実だけを尋ねたと語っており、ホロコーストの事実を極めて冷静に視聴者に伝えようとした。

映画と報道番組では、視聴者が求めるものは異なるが、テレビ報道でも情動的な技法をなくした番組構成を試みる必要があると考える。情感に訴える番組が求められる一方で、そういった面を排し、論理的な思考を促す番組も必要なのではないか。情緒的な番組では、政治権力やメディアにより、大衆が操作される恐れのある公共圏が作られ、安易に付和雷同する世論が形成されてしまう懸念がある。

　理性的な議論によって知識・教養を高め、世論形成の一助となるテレビの可能性に期待し、報道のあり方を模索していく必要があり、それが教養ある市民の公共性構築につながると考える。刺激的な映像や効果音等の作為でわかりやすさは高まるが、そのことで見えなくなる事実とむきあうことが必要なのではないか。

**解説**

　本レポートは次の3点で高く評価されたと考えられます。

　1つ目は、**記載内容の解像度・具体性が高い**ということです。本レポートでは、問題提起、原因分析、解決策の提案のいずれにおいても、具体的な事例が示されています。大変わかりやすいことに加えて、述べられているのが一般論ではなく自分自身の考えであることがよく伝わります。

　2つ目は、**論理性および客観性が高い**ということです。論理性については、問題と原因、解決策がきちんと紐づいていることもそうですが、自身の主張を補佐するために文献や記事などをうまく挿入して客観的に書くことができています。そのため、主観的な印象がなくなり、説得力が増しているわけです。

３つ目は、入念な下調べをし結論としてマスメディアのあり方について言及している点から、**「本当にジャーナリズムを学びたいんだ」ということが伝わる点**です。五輪報道という正解のない問いに対して自身の見解を論理的に記載できている好例だと思います。

なお、この課題レポートは、面接の場で教授からべた褒めされたそうで、その後の面接は終始和やかなムードで、褒められて終わったとのことでした。事前の提出課題で出来のよいものを出したことで面接が楽になった、という理想的な流れとなりました。

## 慶應義塾大学文学部公募推薦２０２０年度　小論文

**問題**

次の文章を読み、私たちは未来に対して責任を負っているという主張について、あなたの考えを述べなさい（３２０字以上４００字以内）。

---

世界的人口爆発の一方で、先進諸国は共通して、人口の静止状態を超えて人口減少の局面に向かいつつある。保険や年金のような直接給付サービスのみならず、経済・科学・交通・医療・文化等々、私たちの社会生活全般は、次世代が成人し、独立した

社会人になることにかかっている。こうした次世代育成の側面を主に担うのが親であり、その便益は社会全体が享受する。そこで、子育て負担の社会的公平化も含めた、生殖の権利ではなく義務を問う規範的議論も一部にある。

倫理学者のH・ヨナスは、人類の生存がもつ存在論的価値から、私たちは未来に対して責任を負っていると主張する。その責任とは、いかにして存在するかという条件付きの命法（仮言命法）に先行して成立する、「人類をあらしめよ」という無条件の命法（定言命法）である。これは現役世代に、（必ずしも個々人にではないが）将来世代を算出する義務を命じるであろう。

---

## 解説

文章中にいくつか難解な用語が記載されているため、面食らってしまうかもしれません。しかし、読み込めば何のことはありません。全体として筆者が述べているのは、「未来に対しての責任を果たすために将来世代の産出の義務化を行なうべきか」というテーマです。ですからここでは、その意見に対して賛否を述べていくことが求められているといえます。

ただしこのテーマは、賛成にせよ反対にせよ反論が考えられます。賛成にすれば、人権の問題やＬＧＢＴＱの人などにも義務化するのかなどの観点からの反論が想定されますし、反対すれば「では未来はどうでもいいのか」という反論が考えられるでしょう。そのため、逆の立場も踏まえて回答を書いていくことが重要であるといえます。

これらを踏まえて、１つの解答例を示します。

**解答例**

私は、政府・国会など公的部門には「出産支援」「子育て支援」を行なうことで将来世代の産出と育成という「未来に対する責任」を果たす義務があり、主権者である国民はその義務が果たされていることを監視する義務があると考える。一方で、個々人は必ずしも次世代を産出し育成する義務を負うものではないと考える。

一般的に、「未来に対しての責任」というフレーズは、環境破壊を食い止めて次世代に渡すことや国や地方公共団体の財政規律を担保してみだりに長期債を発行することを控えるように促す論調で用いられる。どちらの場合も、未来に人類が存続していることを大前提としている。社会保障の維持にもある程度以上の規模の後続世代が必要である。しかし、あらゆる人に出産を強制することや出産が可能な性的指向を強制することは現実的ではない。したがって、私は冒頭で述べたように考える。

解答例を見てわかる通り、普段からニュースや社会現象について知見を養っておいたほうが、より深みのある答えが書けるでしょう。小論文は日頃から訓練をしていくことが欠かせません。

# 第 5 章

# アピール入試で上位大学に合格する方法

## 面接・口頭試問編

# 上位大学に合格するための「面接」攻略法

続けて、面接についてお話しします。

## 「面接」――アピール入試における位置づけは？

**アピール入試において面接は最重要試験の1つ**で、いくら提出書類や小論文がよかったとしても、面接の出来が悪いと一発で落とされることがあります。大学の募集要項を見ると、「書類30点、小論文40点、面接30点の合計100点満点」などとあり、その合計点が高い受験者から順に合格するかのように書かれていることがよくありますが、実際には別の形で採点が行なわれていることも多いと聞きます。例えば次のような2つのパターンです。

1つ目は、面接官が3人ほどいて、それぞれの面接官が「可」「不可」をつけていきます。その成績を持ち寄って、「可をつけた人がいるか」「全員が可をつけたか」などの基準で面接の合否が決められるという方法です。この決め方の場合、たとえ提出書類や小論文がよくても、面接で失敗すると即座に「不合格」となってしまいます。

2つ目は、面接官が2〜3人ほどいて、それぞれの面接官が点数をつけていく形式です。その平均点で面接の合否を決めていきます。例えばある大学では、複数の面接官がそれぞれ5段階評価で、

5：本学の授業の模範となる生徒である
4：本学の授業を引っ張っていけそうな生徒である
3：本学の授業についていけそうな生徒である
2：本学の授業についていけなさそうな生徒である
1：本学の授業を害する、授業に出ないなどの問題を起こしそうな生徒である

として採点し、その平均点で面接の合否を決めているといいます。面接で合格となって

はじめて提出書類や小論文の成績と合わせて、その合計点で上から順に最終的な合格者を決めていくと言っていました。

こうした大学があることを考えると、**面接が最も重要であるといっても過言ではありません。**ぜひ、面接についても、しっかり対策していただきたいと思います。

## 面接で受かるのはどんな高校生か？

では、上位大学の面接で合格できるのは、どんな高校生なのでしょうか？

これを考えるヒントは、第4章の冒頭で述べた「上位大学が求めている人物像」をはじめ、大学の目的や学びのあり方など、本書の様々なところでお伝えしてきましたので、すでにイメージをつかんでいる方も多いかもしれません。

端的にいえば、**「研究者として鍛えがいのある弟子」**であり、**「面倒を見たくなる子」**です。どんな子に対して「弟子として面倒を見たい」と思うかは、学問により、教授により差があるかと思いますが、ここではいくつか共通しそうな条件を挙げておきます。

## その学問に対して、熱意を持って取り組みそうな高校生

積極性や熱意があるだけでなく、受験段階でその学問についてオタクばかりの知識があれば、好まれることは間違いありません。反対に、書類や小論文、面接などの内容が薄く、何に対しても興味を持てない人だと思われてしまうと、不合格になる可能性が高まります。

## コミュニケーション力がある高校生

斜に構えていたり、覇気がなく暗かったり、他人となじめない人と関わりたいと思う人はあまりいません。教授からすれば、自分のゼミにそういった子が1人いるだけで空気が悪くなりますし、研究にも、他の学生にも害が及ぶ可能性も生まれます。

それよりも、ゼミ活動を活性化させてくれそうなコミュニケーション力のある人、明るい人のほうが好まれます。

## 主体性のある高校生

研究室のアピールとなるような研究をどんどんやってくれそうな主体性のある学生が好まれます。

まとめれば、**「そのジャンルについてオタクばりに知識・主体性があり、なおかつ明るい」高校生は、圧倒的に有利、**といえます。見方を変えれば、「幅広い科目への対応や教養を求めるジェネラリストを集めるための一般入試」、「何かのジャンルやテーマ・好きなことに対してものすごく興味があるスペシャリストを集めるためのアピール入試」といえるでしょう。

# 面接でよく聞かれる12の質問

多くの面接では、先ほど説明した学問への熱意やコミュニケーション力、主体性を測るために、以下の12の質問がされます。

1　志望理由
2　入学後にやりたいこと
3　併願の有無
4　オープンキャンパスの参加有無や印象
5　高校生活の思い出
6　長所と短所
7　高校生活で特に頑張ったことや苦労したこと

8　最近気になったニュースや話題
9　卒業後にやりたいこと（達成したいこと）
10　卒業後にやりたいことの理由・興味をもったきっかけ
11　アドミッションポリシーに関する質問
12　入学後に学びたいことに関連する本を読んだか？

## 合格実例から見る「求められる回答レベル」面接編

これらの質問には、どのように答えたらよいのでしょうか。それぞれの質問に対するGOOD回答、BAD回答を記載していきます。

### 1　志望理由

「なぜ、本大学の本学部を志望したのか？」

「他の大学ではなく、うちを選んだのはどうしてですか？」

この質問の中で面接官が見ているチェックポイントは、**「大学に入って学ぶ意欲」「受験した大学並びに学部に対する興味深さの確認」**です。

そのため、回答する際には大学に入ってから学びたいことや大学入学後のプランと併せて回答するとよいでしょう。

### GOODな回答例

「貴学の経済学部を志望した理由は、伝統的な経済理論や歴史分析、経済学から考察する高齢化問題といったテーマを深く学べるからです。特に経済学の視点から健康や社会保障問題を研究されている○○教授の講義は大変興味深いので、入学した際は○○教授の授業をぜひ受けたいと思っています」

### BADな回答例

「高校の担任に勧められました」
「自宅から近いためです」
「知り合いが○○大学に通っているためです」
「○○大学に憧れているからです」

「ここなら充実した大学生活を送れると思いました」

## 2　入学後にやりたいこと

「本学に入った後にやりたいことは？」

「他の大学でもできるのに、本学を選んだのはなぜ？」

これらの質問で面接官が聞きたいのは、**志望する大学・学部のことをどれだけ理解しているか**です。そのため、大学入学後のプランを志望大学・志望学部が提供しているカリキュラム等と絡めて論理的・具体的に伝えることを心がけたいですね。入学してからのビジョンが明確だと面接官にも「この高校生は学ぶ意欲がある」と好意的に受け取ってもらえます。

**GOODな回答例**

「社会福祉士の資格取得を目標に、社会福祉学や高齢者介護について学習したいと思っております。同時に福祉ボランティアのサークルに所属して福祉施設での経験を重ね、誰かの役に立つ喜びや大変さを実感したいと考えております」

**BADな回答例**

「サークルで友達をたくさんつくりたいです」
「アルバイトに励もうと思います」
「（理由を述べずに）〇〇学部で学びたいです」

## 3　併願の有無

複数の大学を併願する受験生は多くいます。大学側もその事実を把握してはいますが、**受験生の志望度の高さを確認する**意味で、併願の有無が聞かれることはよくあります。面接で聞かれる質問には、以下のようなものが挙げられます。

「他の大学を志願していますか？」
「本学に合格したら入学してくれますか？」

なかなか言いにくいことかもしれませんが、多くの大学を受験していることは面接官も把握しています。**現状を正直に伝えたほうが、好印象につながりやすいでしょう。**ただし、正直に伝えるなかにも、**相手への配慮が必要**です。ストレートすぎるものいいにはならないように注意しましょう。

**GOODな回答例**　**（併願ＯＫな入試の場合）**

「〇〇を学びたいという観点から、貴学の他に〇〇大学〇〇学部の総合型選抜にも出願しております」

**「両方合格したらどちらに進学しますか？」と問われたとき**

⇒「〇〇（がある）という点で貴学に魅力を感じておりますので、貴学に進学いたします」

**BADな回答例**

「専願です」（本当は併願なのに嘘をつく）

「第2志望です」（ストレート過ぎて印象がよくない）

## 4　オープンキャンパスの参加有無や印象

「オープンキャンパスに参加をされましたか？」
「オープンキャンパスでどんな点が印象に残りましたか？」

オープンキャンパスの参加有無を聞かれたら、**最初にＹｅｓかＮｏかの結論を答えてから、詳細な内容を話す**ようにしましょう。そのうえで印象に残った点を話せば大学への関心度とコミュニケーション能力の高さをアピールできます。

なお、感想を伝える際には、「楽しかった」「きれいでした」など抽象的な表現では気持ちが伝わりにくく、熱意が低いと誤解される場合もあります。そのため、面接の前日までにオープンキャンパスで感じたことを**具体的な言葉で整理しておきましょう。**

**GOODな回答例**

「はい、参加しました。理学部〇〇教授の模擬授業が大変興味深かったです。実験を用いた体験型の内容だったため、非常に有意義な時間を過ごせました。引率の先輩方からも研究について貴重なお話をお聞きしております。オープンキャンパスの参加で〇〇大学での学習イメージがより鮮明となり、改めて貴学で学びたいと強く感じました」

**BADな回答例**

「とても楽しかったです」

「施設がとてもきれいでした」

「先輩方がすごくやさしく接してくれたことが印象に残っています」

「学食が充実していて楽しみです」

## 5　高校生活の思い出

「高校生活はどうでしたか？」

「あなたにとって高校生活はどんな影響を与えましたか？」

というのは、高校生活の思い出を尋ねる質問です。高校入学から現在までのエピソードを時系列で振り返り、大学が掲げるアドミッションポリシーと親和性のあるエピソードを話すようにしましょう。

高校生活の印象を聞く面接官の狙いは、あなたの人となりと、大学入学後の伸びしろの確認です。特に**高校時代に何かに打ち込んだ人に対しては、大学入学後も伸びしろがあると思い、高評価につながりやすくなります。**その意味で、部活で優秀な成績を収めたり、休まず参加したような経験がある人には非常に有利になるでしょう。

ただし、長くしゃべりすぎるとあまりよい印象にはなりませんので、事前に回答内容を整理しておくことをお勧めします。

### GOODな回答例

「高校生活で最も頑張ったことは、3年間所属した美術部での活動です。1年の入部時は油絵に触れたことがなかったのですが、先生や先輩方から油絵具の扱い方を学び、夢中になって何枚も描きました。その結果、2年生のときに〇〇コンクールで入賞を果たしています。部活を通して努力の大切さを学び、性格も前向きに変化したと感じております」

**BADな回答例**

「3年生の文化祭です。とても楽しかった思い出です」（具体例がない）

「友人とたくさん話した放課後です」（幼稚な印象）

「思い出というか、バンドに興味がありました。友人と組もうかと話していましたが実現せず……」（質問内容と回答がずれている）

## 6 長所と短所

「あなたの長所と短所は何ですか？」

「短所とどのように向き合っていますか？」

長所や短所は、受験者の**人間性や大学入学後の伸びしろを確認するためによく聞かれる質問の1つ**ですが、長所や短所には正解がなく、自分を客観視するのは難しいものです。**事前に他人に聞いて把握しておくこと、**さらに**お子さんの個性が伝わる体験を交えて説明すること**を心がけましょう。

**GOODな回答例**

「長所は、興味を持つととことん追求する探究心です。10歳からプログラミングに関心を抱き、独学でホームページを制作していました。一方でそれ以外の知識に乏《とぼ》しいといった短所があるので、貴学では幅広い分野を学び、知識を深めたいと思います」

**BADな回答例**

「長所は明るいところです。短所は短気なところです」（理由がわからない）

「～のため、これが私の長所と思っています」（結論が最後だと要点がわかりにくい）

「短所はありません」（自己分析が甘い）

## 7　高校生活で特に頑張ったことや苦労したこと

「高校時代に最も頑張ったことは何ですか？」

「部活は何をやっていましたか？」

「高校生活で壁にぶつかったことありますか？」

面接官が高校時代に頑張ったことを聞く理由は、受験生が**努力できる人なのかを確認するため**です。

部活でも生徒会でも学園祭の準備でもボランティアでも構いませんので、客観的に見て「頑張れる人間だ」「志が高い人だ」と思われるエピソードを答えるとよいでしょう。

**GOODな回答例**

「高校生活で頑張ったことは部活動です。３年間バレーボール部に所属し、目標達成までのプロセスや結果の重要性を学びました。３年次の県大会で優勝を果たしています。練習は辛かったですが、メンバーや監督との関わりでチームの大切さを実感できたのは大変有意義な期間でした」

**BADな回答例**

「特にありません」
「壁だと感じたことはないです」

## 8　最近気になったニュースや話題

「近頃意識して見ているニュースはありますか？」

「最近報道されたニュースで気になったものはありますか？」

ここでチェックされているのは、**時事問題や社会情勢に対する関心度合**です。また、**知的好奇心の高さを測る**という意味合いもあります。

特に志望する大学・学部と関連のあるニュースへの関心度合いは、大学側も注目していますので、テレビや新聞、ネットニュースなどを日々チェックして、最新の社会情勢や志望大学・志望学部で学ぶ内容と絡む出来事を追いかけておきましょう。

### GOODな回答例

「最近は新聞で介護ロボットが注目されている記事を読みました。増加する高齢者に対して介護の人材不足が深刻化しています。介護ロボットは安全性の確保や複雑な作業にはまだ不安がありますが、介護者の負担が減るひとつの解決策として実用化を期待しています」

### BADな回答例

「特にありません」

「ニュースはあまりチェックしません」

「ニュースで電子書籍が流行っていると聞きましたが、私は絶対に紙の本以外は読みません」（押しつけがましい）

### 9　卒業後にやりたいこと（達成したいこと）

「本学卒業後はどんな業界に進みたいですか？」
「将来はどんな生き方をしたいですか？」

面接官が卒業後に達成したいことを聞く意図は、**将来のビジョンと大学入学後に学ぶことの関連性がどの程度あるのか**を知ることにあります。そのため、将来やりたいことを話す際にも、志望大学・志望学部の選考内容を意識して、関連性が伝わるように心がけたいですね。

**GOODな回答例**

「〇〇大学卒業後は、看護師の資格を生かして医療現場に携わりたいと考えています。しっかりと実務を経験してから産業保健師として保健指導の分野に深く関わり、企業での健康管理者として役に立ちたいと思います」

**BADな回答例**

「まだ何も考えていません」（卒業後のビジョンがないのは悪印象）
「結婚して子どもは○○人ほしいと思っています」（プライベートに寄りすぎ）
「たくさんの人と仕事をしたいので、広告代理店で働きたいと思います」（大学の学びと関係がない）

## 10　卒業後にやりたいことの理由・興味をもったきっかけ

9で紹介した「卒業後にやりたいこと」を掘り下げて、以下のように聞かれることもあります。

「将来やりたいことの理由を詳しく教えてくれますか？」
「どんなきっかけでやりたいことに興味を持ったのですか？」

これらの質問の意図は、受験生の**信念の強さや価値観を知るため**です。そのため、「なぜ、思い立ったのか」という動機については自身の過去の体験と絡めて説明することを心がけるとよいでしょう。

特に、

- 理由に具体的なエピソードがあるか
- やりたいことに本気か
- 大学入学後の学習意欲につながるか

という3点は、面接官が知りたい事柄です。それぞれの項目でポジティブな印象を与えられれば理想的です。逆に、具体的なエピソードがなかったり、あなたの本気度合いが伝わらない回答は、いい印象につながりにくいため要注意です。

**GOODな回答例**

「看護師を目指したきっかけは中学生のときです。父が入院していた病院で出会った看護師の方が、父の看護のみならず、落ち込み気味だった私にとても優しく接してくれたのが印象的でした。その頃から私も患者や家族に寄り添える存在になりたい、と思うようになりました」

**BADな回答例**

「仕事で人々を幸せにしたいと考えたからです」（抽象的）

「家族で食卓を囲む機会が少なかったので、仕事も家庭も大事にしたいと思っています」（夢自体は悪くないが、大学と関連性がない）

## 11　アドミッションポリシーに関する質問

「アドミッションポリシーを理解していますか？」
「本学の方向性とあなた自身はリンクしていると思いますか？」
「当学のアドミッションポリシーのどんな点に興味を持ちましたか？」

総合型選抜（旧ＡＯ入試）の合否において、この質問は大変重要です。

質問形式は面接官によって変わりますが、アドミッションポリシー関連の質問で面接官が見ているのは下記の2点です。

- 面接を受けている大学・学部への関心度の高さ
- アドミッションポリシーと面接を受ける生徒とのマッチ度

アドミッションポリシーを事前にきちんと頭に入れておき、面接での受け答えは、これらのポイントに答えることを意識してするとよいでしょう。

**GOODな回答例**

「日本語文学科を志望するにあたり、貴学のアドミッションポリシーを拝見しました。思考力や判断力を養うための具体的な方針が、非常にわかりやすいです。貴学は日本の多様な文化に高い関心を持つ学生を求められているので、日本語や日本文学を総合的に学びたい私は、貴学のポリシーと合致していると考えました」

**BADな回答例**

「詳しく知りません」
「とても共感しました」（具体例がない）
「貴学のアドミッションポリシーである『現代の社会や〜』が、私と一致しました」
（単なる丸暗記）

## 12　入学後に学びたいことに関連する本を読んだか？

「本学で学ぶ内容に関係ある書籍を読んでいますか？」
「日頃から本を読む習慣はありますか？」

面接官が確認したいポイントは、**入学した後に学ぶことと現在読んでいる本の関連性**です。それ以外にも**読書習慣の有無**を確認することで、**知的好奇心の高さ**を見るケースもあります。大学入学後に学ぶ分野と関連のある書籍を読んでいることを伝えれば、志望度の高さのアピールにもなります。

普段は本を読む習慣がなかったとしても、総合型選抜の面接日までの期間には何冊か読んでおくことをお勧めします。

**GOODな回答例**

「心理学を明解に解説している『〇〇〇〇』を読みました。人間の脳や心のメカニズムといった体の仕組みのほか、観察法やミラーリングなどの具体的なテクニックがわかりやすく解説されています。本の内容を自分自身に取り入れられるよう、じっくりと何度も読み込んでいる最中です」

**BADな回答例**

「本はあまり読みません」
「〇〇を読みました」（読んでいない本を答える）

# 上位大学に合格するための「口頭試問」攻略法

次に、口頭試問について解説します。口頭試問は面接同様に、口頭で試験官からの質問に答える選考です。そのため、しばしば口頭試問と面接を混同している人がいるのですが、この2つは目的も評価基準も大きく異なります。

まずは両者の違いから見ていきましょう。

## 「口頭試問」――面接との違いは?

面接は、これまで見てきたように、主に自己PRや志望理由などが問われます。面接官は様々な質問を通して、受験生の話し方や雰囲気、学問への熱意など、その人となりを見ています。

一方、口頭試問は、**入学後に学ぶことになるであろう分野についてどの程度知識を持っているのか、それに対してどんな考えなのか、**といったことが問われます。つまり、口頭試問では、面接以上に、**話の論理性**が求められることになります。学問や研究の適性が見られているともいえるでしょう。

口頭試問には、典型的ないくつかのパターンがあります。

- 事前に提出した書類や小論文に対して深堀りされるパターン
- 最近の時事問題について、自分の意見も踏まえて説明を求められるパターン
- 黒板やホワイトボードを使って数学等の問題を解答並びに解説ができるかが問われるパターン

です。

これらはあくまで一例で、具体的に問われる内容は、志望する学部・学科によって大きく異なります。そのため、過去問題や募集要項をよく読み込んだり、学校の先生や進学した先輩に聞いたりして、情報収集をしておきましょう。

また、口頭試問の訓練には、ある程度の専門性が求められます。学校や塾、予備校などで信頼できる人に見てもらうとよいですね。

## 口頭試問で評価されるための3つのポイント

次に口頭試問で主に評価される３つのポイントをご紹介します。

### 1　学習意欲や情報感度の高さ

口頭試問で必ず見られるのは、受験生の**学習意欲**や**情報感度**です。口頭試問で多く聞かれる次のような質問は、まさにこの２つを測るものといえるでしょう。


「学部・学科で学ぶ○○に関してどの程度知識がありますか？」

「○○という事柄に対してどのような問題意識を持っていますか？」

「○○という問題を改善するためにはどんな解決策があると思いますか？」

こうした質問は、高い学習意欲をもって情報収集をしていないと、答えることができません。情報収集は、どうしても高校生は手薄になりがちなので、関連するニュースを日常的に集められるようにサポートしましょう。そして、集めた情報に対しては、習慣的に、お子さんなりに問題点の整理と、解決策の検討をさせることです。

## 2　受験生の基礎学力

口頭試問は、大学での学びや研究に必要な学力があるかどうかが判断されます。そのため、英語力が求められる学部では語学力を問う質問をされたり、理系学部では数学力を問う質問がなされたりします。一例としては、

「$a+b=1$のときに$ab$の最大値って何だと思いますか？」

「(英文を提示されて)この英文を音読したうえで日本語に訳してもらえませんか？」

などです。

ただし、あくまで口頭で質問され、その場で答える形式ですので、それほど難易度の高い問題が出題されることはありません。それに求められる知識は、学部・学科に関連する

教科の高校の参考書や教科書、その分野の基本的な書籍を読めば補うことができるはずです。

過去問と募集要項を確認し、どのような出題傾向があるのかを分析してから、こうした学習に取り組んでください。

## 3 論理的な思考力・伝達能力

口頭試問は、「答えられればいい」「言いたいことを述べればいい」というものではありません。質問に対して的確にわかりやすく答えることはもちろんですが、加えて結論を裏付ける根拠や、その結論に至った理由の説明が求められます。

大学・学部によっては、簡単なプレゼンテーションや、黒板やホワイトボードを使っての説明が求められる場合もあります。そのため、質問に対する答えが正解かどうかよりも、回答に至るまでの説明を論理的にできるかが重要になることもあると押さえておきましょう。

# 第 6 章

# アピール入試で上位大学に合格する方法

## 基礎学力編

# 上位大学に合格するための「英語力」とは？

アピール入試では、基礎的な学力も見られています。一般的には**英語の検定試験**と**高校の評定平均**で見られるケースが多く、この2つが一定水準を満たしていなければ、そもそも出願できないこともあります。まずは、それぞれの基準について見ていきましょう。

## 英語能力を英検でアピールする方法

近年多くの大学で測られるのが、英語の能力です。総合型選抜や公募推薦の受験では、大きく4つのパターンで英語力が見られます。ここでは、そのパターン別に、求められるだいたいの水準をお伝えします。

## 1　出願条件に定めるケース

そもそも、出願するために英語の検定試験が必須のパターンです。

例えば上智大学の公募推薦では、一部を除き「英検2級以上」が出願の条件となっています（「上智大学入学試験要項」より）。また、関西大学でも商学部の公募推薦では「英検2級以上」が出願条件です（関西大学商学部の公募推薦「入学試験要項」より）。

一定以上の英語力を持った学生しか受けられない総合型選抜や公募推薦を実施している大学は数多くあります。こうした大学に挑戦する権利を得るために、高校3年生になる前に英検2級、あるいは準1級まで取得しておきましょう。

## 2　取得級を得点換算するケース

「得点換算」とは、英検の取得級により、英語の試験の一定の点数に換算するケースです。つまり、英語の試験そのものは行なわれますが、その得点に英検取得級分の点数が加算された結果で合否が判断されます。例えば筑波大学は、英検2級で加点がなされます。

取得級によっては満点換算される（つまり、その級を持っているだけで、試験で満点をとった扱いとなる）こともあり、その場合は実質的な試験免除になります。

### ３　試験の一部を免除にするケース

資格の水準を満たしていれば、試験そのものが免除されるケースです。

例えば、関西大学法学部の総合型選抜・英語運用能力重視型では、ＣＥＦＲのＢ２レベル以上に相当する英検を含めた外部の英語検定のスコアやグレードを保有している受験生は、英語小論文が免除されます（表参照）。

入学試験は一発勝負ですが、資格試験であれば、時間の限り何度でもチャレンジできるため、英検取得による免除制度

**関西大学法学部　総合型選抜・英語運用能力重視型の英語小論文の試験免除基準（一部抜粋）**

| 外部資格名 | 基準値 |
|---|---|
| Cambridge English（B2First以上） | 160点以上 |
| 実用英語技能検定（準1級以上） | 2300点以上（CSEスコア） |
| GTEC（4技能）Advanced または CBT | 1190点以上 |
| IELTS | 5.5以上 |
| TEAP | 309点以上 |
| TEAP CBT（4技能） | 600点以上 |
| TOEFL iBT | 72点以上 |
| TOEIC Tests | 1095点以上 |

出典：「関西大学　アドミッション・オフィス入学試験（AO入試）　入学試験要項」より引用

を設けている大学を受ける場合には、ぜひとも活用したい仕組みです。

## 4　ボーダー上の最終候補者の合否判定に英語力が見られるケース

大学の中には、合格か不合格かのギリギリのラインに複数の学生がいる場合に、英検のスコアを持っているかどうかを最後の判断材料の1つにするところがあります。その場合には、当然、高いスコアを持っている受験生が選ばれることになるでしょう。

# 高評価の級・スコアは？

英検は、何級を取得しておくと、上位大学で有利に働くのでしょうか。結論から言うと、**最低でも2級、合格の可能性をより高めたいのであれば準1級**です。

そもそもMARCH以上の大学の多くは、総合型選抜や公募推薦での出願条件として英検2級を掲げていますから、「英検2級が最低ライン」というのは間違いないでしょう。さらに、国際系の学部であれば、その最低ラインは準1級と見てよいと思います。

| 項目 | 最低スコア（CSEスコア） | 最高スコア（CSEスコア） |
|---|---|---|
| 2級 | 1980（合格最低点） | 2600（満点） |
| 準1級 | 2304（合格最低点） | 3000（満点） |
| CEFR（B1） | 1950 | 2300 |
| CEFR（B2） | 2300 | 2600 |
| CEFR（C1） | 2600 | 3300 |

出典：日本英語検定協会「英検CSEスコアとは」を基に作成

なお、もし「英検準１級」以上を持っていて、出願基準に「英検２級」とある場合には、書類に書くことで、選考で加算材料となるケースがほとんどです。合格の可能性をより高めたければ、準１級を取得しておきましょう。

また、英検準１級は、高校生で取得している人はそれほど多くありません。そのため、**準１級保有者しか出願できない大学・学部の公募推薦や総合型選抜は、倍率が低くおさえられているケースが多くあります。**試験で有利になるだけでなく、出願の幅も広がりますので、ぜひ、英検準１級の取得にチャレンジしていただきたいと思います。

英検には級だけではなく「ＣＳＥスコア」という基準もあります。「ＣＳＥスコア」は２０１６年度以降導入された、**国際的な英語力の指標となるもの**

です。みなさんが高校生の頃は、英検といえば「合格」か「不合格」か、といった基準だったと思いますが、この「ＣＳＥスコア」の導入によって、**苦手分野や得意分野が可視化されただけでなく、その点数を「ＣＥＦＲ」という英語力の国際基準に当てはめることで、グローバルな基準での英語力を知ることができるようになりました。**

例えば、英検２級を、合格最低点であるＣＳＥスコア１９８０点で合格した場合は、ＣＥＦＲのＢ１の基準内（１９５０～２３００点）ですから、「Ｂ１」となります。他方、英検２級を２５００点で合格した場合には、ＣＥＦＲのＢ２の基準内（２３００～２６００点）ですので、「Ｂ２」です。

このように、英検はその級だけでなく、ＣＳＥスコアやＣＥＦＲも見られることがあります。ただ合格すればいいというのではなく、**なるべく高いスコアでの合格を目指しましょう。**

## 参考：英検2級、2級相当スコアで受験可能となる<br>上位大学の一例とその倍率・出願書類（2021年度）

**【総合型選抜】**

| 大学<br>（学部・学科） | 倍率 | 主な出願書類 |
|---|---|---|
| 津田塾大学<br>（学芸学部英語英文学科） | 2倍 | 志願票・志望理由書・提出書類チェックリスト・調査書・英語の能力を証明する書類（原本） |
| 国際基督教大学<br>（教養学部） | 2.4倍 | 入学願書・高等学校調査書・推薦状2通・小論文・学校内外における自己活動歴と自己分析・英語の能力を証明する書類 |

出典：津田塾大学総合型選抜要項、津田塾大学の受験結果2021年度、国際基督教大学教養学部2022年度入学試験要項、国際基督教大学の倍率、パスナビ・入試倍率検索公募推薦編より作成

**【公募推薦】**

| 大学<br>（学部・学科） | 倍率 | 主な出願書類 |
|---|---|---|
| 学習院大学<br>（経済学部） | 1.9倍 | 調査書・推薦書・指定する外国語検定試験の成績証明書・志望理由書・活動報告書 |
| 上智大学<br>（文学部哲学科） | 1.5倍 | 上智大学志願票・学校長の推薦状・調査書・自己推薦書・外国語検定試験の試験結果を証明する書類・学科の指定する「レポート等特定課題」 |

出典：学習院大学経済学部の募集要項、2021年度の学習院大学の入試結果、2022年度 上智大学入学試験要項、上智大学2021年度の入学試験データより作成

## 参考：英検準1級、準1級相当スコアで受験可能となる上位大学の一例とその倍率・出願書類（2021年度）

**【総合型選抜】**

| 大学（学部・学科） | 倍率 | 主な出願書類 |
|---|---|---|
| 中央大学（国際経営学部） | 1.6倍 | 調査書・志願者経歴書・志望理由書・英語検定試験の証明書 |
| 関西大学（経済学部） | 2.1倍 | 調査書等・卒業証明書・資料説明票・出願書類確認表・活動報告書・入学志望理由書・自由エッセイ（社会人のみ）・将来設計書（社会人のみ）・出願資格を証明する資料 |

出典：2022年度 中央大学国際経営学部 自己推薦入学試験要項、中央大学過年度入試データ、2022年度関西大学アドミッション･オフィス入学試験（AO入試）入学試験要項、関西大学2021年度 AO入試の結果より作成

**【公募推薦】**

| 大学（学部・学科） | 倍率 | 主な出願書類 |
|---|---|---|
| 上智大学（文学部英文学科） | 1.4倍 | 上智大学志願票・学校長の推薦状・調査書・自己推薦書・外国語検定試験の試験結果を証明する書類・学科の指定する「レポート等特定課題」 |
| 上智大学（法学部国際関係法学科） | 1.8倍 | 上智大学志願票・学校長の推薦状・調査書・自己推薦書・外国語検定試験の試験結果を証明する書類・学科の指定する「レポート等特定課題」 |
| 学習院大学（法学部政治学科） | 1.3倍 | 調査書・推薦書・指定する外国語検定試験の成績証明書・志望理由書・活動報告書 |

出典：2022年度 上智大学入学試験要項、上智大学2021年度入学試験データ、学習院大学法学部の公募推薦の募集要項、2021年度学習院大学入学者選抜資料より作成

COLUMN

# 英検はいつ・どこで受けられる？

基礎学力の証明という面では英検は必須の資格といえます。では、英検はいつ受験できるのでしょうか？

答えは**「毎週」**。英検の中には「英検Ｓ－ＣＢＴ」というものがあります。これは、スピーキング・リスニング・リーディング・ライティングの４つを１日で測定する試験で、原則として毎週土・日に、テストセンターで行なわれます。

「英検Ｓ－ＣＢＴ」を受験して取得したスコアは、従来の英検と同様に扱われるほか、従来、筆記と面接を２日間に分けて行なわれる試験が１日で済む、というのも魅力です。

毎週受けるチャンスがある以上、「機会がなくて取得できなかった」といういいわけは通用しません。ぜひ、２級、そして準１級を取得して、アピール入試に挑みましょう。

## 英検以外で英語能力をアピールする方法

大学によっては、英検以外の資格が総合型選抜や公募推薦の受験の評価対象となるケースがあります（大学によっては対応していない場合もあります。必ず募集要項を確認してください）。

### TOEIC《トーイック》®

ＴＯＥＩＣとは、英検と同じく英語スキルを測定する試験です。就職活動中にもこのスコアを求められることがよくあるので、これからも耳にする機会は多いでしょう。

ＴＯＥＩＣの試験は、リスニングとリーディングのスキルを測定する「ＴＯＥＩＣ Ｌ＆Ｒ」と、スピーキングとライティングスキルを測定する「ＴＯＥＩＣ Ｓ＆Ｗ」の2つがあります。

ＴＯＥＩＣのスコアを使って総合型選抜や公募推薦に挑戦する際には、どちらのスコアが必要なのか、もしくは両方の取得が必要なのかをあらかじめ確認しましょう。

なお、上智大学の公募推薦の募集要項によると、英検の２級が求められる学部ではＴＯＥＩＣ５５０〜６５０点（Ｌ＆Ｒ）・２４０〜２５０点（Ｓ＆Ｗ）が、準１級が求められる学部では７００〜７８５点（Ｌ＆Ｒ）・２７０〜３１０（Ｓ＆Ｗ）が最低限求められます。

## IELTS《アイエルツ》™

ＩＥＬＴＳは、日常で使用する英語から、専門的でアカデミックな英語まで、スキルを幅広く測定できる世界共通の英語試験です。ＩＥＬＴＳはイギリスでのビザ申請にも用いられており、留学の要件となっていることもあります。

ＩＥＬＴＳのテストには、「アカデミック・モジュール」と「ジェネラル・トレーニング・モジュール」の２つがあり、大学に出願する際に用いられるのは「アカデミック・モジュール」です。

試験は筆記と面接で、スキルはスコアで算出されます。試験はほぼ毎週実施され、結果は約２週間で通知されます。

出願時に英検の２級を課す上智大学の各学部ではＩＥＬＴＳを４・０〜４・５点に定め

ており、準1級を課す学部については5・5を課しています。

## ＴＯＥＦＬ《トーフル》®

ＴＯＥＦＬは、教育現場で使用される学問的な英語のスキルを測る、世界共通で行なわれている英語テストです。スキルはスコアで算出されます。ＴＯＥＦＬは、アメリカやカナダ、オーストラリア、ヨーロッパなど、世界の様々な国へ留学する際の要件となることが多く、ビザの申請などにも必要です。

テストは主としてコンピューターで試験が行なわれますが、ペーパーテストの形式もあります。ＴＯＥＦＬにも「ＴＯＥＦＬ　ＩＴＰ」などいくつかの種類があり、一般的にＴＯＥＦＬのスコアとして認められるのは「ＴＯＥＦＬ　ｉＢＴ」のスコアです。

試験はほぼ毎週開催されており、スコアは1週間ほどで通知されます。

ちなみに出願時に英検の2級を課す上智大学の各学部ではＴＯＥＦＬは42～55のスコアを、準1級を課す学部では67～72のスコアを課しています。

## GTEC《ジーテック》

ＧＴＥＣとは、英語の４技能を測る試験で、ベネッセが実施しています。スキルはスコアで算出される方式です。ＧＴＥＣには「GTEC Junior」「ＧＴＥＣ」「大学生・社会人向けＧＴＥＣ」という３種類があり、大学共通テスト等に認められている高校生向けテストは「ＧＴＥＣ」です。

ＧＴＥＣの中にも「Core」「Basic」「Advanced」「ＣＢＴ」という４つのレベルがあり、総合点数の上限はそれぞれで異なります。「ＣＢＴ」が上限点数とレベルが高く、受験を控えた高校３年生に向いている試験です。年３回実施され、年２回までが受験が可能です。出願時に英検の２級を課す上智大学の各学部ではＧＴＥＣを利用した出願基準の下限値を９６０～１０６０にしており、準１級を求める学部では１１９０点が下限値になっています。

## ケンブリッジ英語検定

ケンブリッジ英語検定は日常的な英語能力を測定する試験で、ケンブリッジ大学の英語検定機構により実施されています。英語検定試験は、５レベル８種類に分かれており、各種類の名前は以下の通りです。

Pre A1 Starters (YLE Starters)
A1 Movers (YLE Movers)
A2 Flyers (YLE Flyers)
A2 Key (KET)
B1 Preliminary (PET)
B2 First (FCE)
C1 Advanced (CAE)
C2 Proficiency (CPE)

この８つの中から自分が目指しているＣＥＦＲレベルに合った試験を受け、そのスコアでレベルが認定されます。

ちなみに、出願時に英検の２級を課す上智大学の各学部が定めるケンブリッジ英語検定の最低ラインは１４２～１４７、英検準１級を課している学部は１６２以上のスコアが求められます。

## TEAP《ティープ》

ＴＥＡＰは、日本英語検定協会と上智大学が開発した、アカデミックな英語能力のスコアを測るテストです。試験は「読む」「聞く」「書く」「話す」という４つの技能が問われる内容になっています。

試験の形式としては、ペーパーテストと面接が行なわれる会場でのＴＥＡＰと、コンピューターを使って試験を実施するＴＥＡＰ-ＣＢＴの２つがあります。

試験は年に３回実施され、スコアは「Reading/Listening」の場合は試験後２週間ほどで、「Writing/Speaking」の場合は試験後３週間ほどで通知されます。

英検の２級を課す上智大学の各学部ではＴＥＡＰの最低出願スコアを２２０（各50）～２７０（各65）点に、出願時に準１級を課す各学部では出願時の最低スコアを２８０（各65）～３３０（各70）にしています。

# 上位大学に合格するための「評定平均」

英語能力以外に学力として見られているのが、「評定平均」です。つまり、高校3年間の授業の、全科目の評点の平均です。通知表の1〜5の数字を平均すれば、誰でも算出することができます。

評定平均は高いに越したことはなく、上位校を目指すのであれば最低でも3・8、できれば4・0の取得を目指しましょう。5・0（満点）を取得できれば申し分ありません。

とはいえ、この評定平均は、「高校3年間の全科目」というのがネックです。多くの高校生が苦手意識を持っている世界史も1つの科目ですし、家庭科や体育、芸術科目もそれぞれ1つの科目です。どの科目も手抜きすることなくしっかりと取り組む必要があるため、「英語」「数学」「国語」を中心に据える一般受験とは、戦略は異なります。

言い換えれば、**すでに評定平均が挽回不可能なほどに低い場合には、アピール入試は諦めて、一般受験に切り替えるしかない、**ということでもあります。

前述のように、この評定平均は、通っている高校のレベルに応じた調整などはありません。つまり、地方でも都心でも、中レベルの高校でも超進学校でも、その数字の意味は同じです。そのため、通っている高校の偏差値が低いほど、かえって評定平均を上げやすいともいえます。

評定平均を高めるためのポイントは2つです。

1つ目は、**平常点をきちんととること**です。小テストでよい点数をとる、授業態度に気をつける……など、学校でいい成績をとるためにできることには進んで取り組みましょう。反対に、多くの高校生がしがちな、授業に遅刻する、授業中の私語が多い、宿題などの提出物を忘れる、授業中に爆睡しているなどはもってのほかです。こうしたことの積み重ねで、平常点が下がってしまっていることを忘れてはいけません。

平常点でいい成績をとるために効果的なのが、**予習**です。予習をすると、授業中にも積極的に発言することができますね。高校の先生からしても、授業をサポートしてくれる生徒はありがたい存在ですから、平常点の加点につながるはずです。

なお、予習は一般受験をしようとしている高校生にも大変効果的な方法です。なぜなら、入試問題は高校の範囲からしか出題されないため、普段の授業をしっかり頭に入れることが入試問題を解けるようにするための1つの手段だからです。授業内容がどれだけ頭に入っているかで、受験勉強のスタート地点が変わります。

残念ながら**多くの高校生には、「コスパ」という考えがありません。**せっかく学費を払って学校に通い日中の多くの時間を授業に割かれているのに、その時間を有意義に使おうとせず、さらには受験に直結する宿題や提出物もおざなりにして、受験対策のために予備校や塾に通う……あまりにも無駄が多いと思いませんか？

**学校の勉強にしっかり取り組むことは、アピール入試だけでなく一般入試にも大きくプラスになる。**このことは、親御さんだけでなく、お子さんにも理解しておいていただきたいことです。

評定平均を上げるためのポイント2つ目は、**定期試験で高得点をとること**です。ほとんどの場合、出題範囲は事前に知らされますので、その内容をしっかりと理解し、頭に入れていきましょう。試験対策も、遅くとも2週間前から始めて、本番当日までに全科目の出題範囲を最低でも2周することを徹底すれば、試験では高得点がとれるはず。試験で高得点をとれれば、評定は高い確率で４・０を超えます。

**試験勉強はある種のタスクマネジメントです。やるべきことをしっかりこなし、頭に入れるべき内容を頭に入れていきましょう。**

このように、評定平均を上げるための取り組みは、当たり前といえば当たり前のことばかりです。しかし、勉強というのは、ある一時期だけやって他の時期にまったくやらなくていい、ということはなく、日々の積み重ねがすべてです。大学進学後はさらに積み重ねの重要性が高まります。

どんなに勉強が苦手でも、授業態度など変えていけるところは必ずあります。できるところから取り組んで、上位大学合格を引き寄せていきましょう。

## 合格するための大学別・基礎学力のレベル感

先ほど、出願資格を得るための基礎学力を大まかにお伝えしましたが、上位校の合格を

### 上位校の合格水準

| 大学 | 英検 | 評定平均 |
|---|---|---|
| 早稲田・慶應の人気学部（経済・経営など） | 準1級（国際教養は1級） | 4.5 |
| 早稲田・慶應の一般学部（SFC・文など） | 2級 | 4.2 |
| 上智理科大ICU・MARCHの人気学部 | 準1級 | 4.2 |
| 上智理科大ICU・MARCHの一般学部 | 2級 | 4.2 |
| 関関同立（※）の人気学部 | 準1級 | 4.2 |
| 関関同立の一般学部 | 2級 | 4.0 |
| 旧帝大・一橋・東工大 | 準1級 | 4.5 |
| 筑波・横国 | 準1級 | 4.3 |
| 地方国公立 | 2級 | 4.0 |

※関関同立：関西大学・関西学院大学・同志社大学・立命館大学

より確実にするためには、さらに目指すべき学力水準があります。上位校を中心に、目指すべき学力水準をお伝えします。

上記の学力水準は理想であり、この水準に達していなくても、課外活動や探究活動がしっかりしていれば合格することは可能です。

しかし、受験というものは合格点の付近に大量の受験者が分布し、1点の差で合否が決まるもの。その傾向は一般入試でも総合型選抜でも変わりません。
そのため、僅差《きんさ》になった際に点数換算される英検や評定があるのとないのとでは大きく変わってきます。

２次試験の小論文や面接については当日に出題される問題の傾向によってばらつきが生じますので、とてもうまくいけば合格できることもありますし、失敗すれば落選します。万が一、難問で苦戦したときこそ、書類提出時の英検や評定をきちんと持っておくことが力になるはずです。

# 第 7 章

# アピール入試で上位大学に合格する方法

## 集団討論編

# 上位大学に合格するための「集団討論・グループワーク・ディベート」攻略法

アピール入試の2次試験では、グループディスカッション（集団討論・グループワーク・ディベート）が課されることが多くあります。

グループディスカッションは、社会課題について4〜6人程度の高校生で議論させ、その過程や結論を見ていく試験です。ときには8人など大会議になる場合もあります。

大学がなぜこの選考方式を活用しているかというと、それは受験生の**集団の中での振る舞いを見るため**です。そのため、導き出した回答の妥当性だけでなく、コミュニケーション力の有無や議論中のリーダーシップなど、様々な面が見られていると考えたほうがよいでしょう。

グループディスカッションは「自由討論形式」「グループワーク形式」「ディベート形式」の3つの形式が中心です。

## 自由討論形式

自由討論形式では一般的に、以下のような抽象的なテーマが出題されます。

- 福祉とは何か。
- 10年後の自分とは。
- 看護師に求められる役割とは何か。

こうした問いには、明確な答えはありません。そのため、ただそれぞれが思ったことを話しても、単なるアイデア出しで終わり、考える力がないと判断されてしまうでしょう。

背景や社会状況などを定義していく必要のある、抽象的なテーマを議論させることで、議論への関わり方や積極性、答えを導き出していく道のりなどを見ているのです。

ですから、この形式のグループディスカッションで重要なのは、「いかに妥当性のある答えをつくれるか」ではありません。「妥当性」という点だけで見れば、答えをつくることはさほど難しくないこともあります。例えば最初の「福祉とは何か」という問いであれば、「弱者の救済」とか「相手に寄り添うこと」とか、「安心安全な国をつくるために必要なもの」などといえば、「それっぽい感じ」にはなります。

**試験で重視されるのは、そうした妥当性やそれっぽさよりも、「どうやってその答えを導き出したのか」という筋道です。**

この問題の場合だと、５Ｗ１Ｈに沿って考えていくとよいですね。つまり、

- いつの時代のことなのか。今だとすればなぜ今なのか。
- どこの話なのか。
- 誰にとっての福祉なのか。
- なぜ行なう必要があるのか。
- 福祉とは何か。

といった流れです。

## グループワーク形式

グループワーク形式では、より具体的な課題（ケーススタディ）が与えられます。最近は、グループワークのなかにも、大きく2つの傾向が見られます。

### 1　課題解決型

次のようなテーマが出題され、その解決策をまとめるのが、「課題解決型」のグループワークです。

- 佐賀県の人口を増やすためにはどうすればよいか。
- 介護の人手不足を解消する方策を考えよ。

こうした問題の場合には、いきなり解決策を考えるのではなく、**「定義付け↓現状分析↓理想像の決定↓アイデア出し」という流れを意識して進めることが重要**です。こうした流れで議論を進めることで、妥当性や根拠のある解決策がまとまりやすくなります。

## 2　資料読み取り型

2つ目は、「資料読み取り型」のグループワークです。例えばグラフなどのビジュアル資料が与えられ、

> ●過去30年分の茨城県の人口推移を見たうえで、今後転入を増やして転出を減らしていくためにはどうすればよいか、その方策を考えよ。

などのテーマについて話し合うことになります。

このタイプの問題は、**「前提確認↓現状分析↓原因特定↓アイデア出し↓アイデア吟味↓結論」**というフローで進めましょう。

資料、または資料から類推され得ることをベースとした意見が求められることが特徴となるため、図やフレームワークなどを活用して資料から読み解いたことを整理すると好印象です。

## ディベート形式

ディベート形式は、文字通り、ディベートをして、その様子で合否が決まるグループディスカッションです。次のようなテーマに対して、賛成・反対の立場に立った上で議論し結論を出していくことが求められます。

- 死刑制度に賛成か、反対か。
- 国益のために福祉を削ることに賛成か、反対か。
- 人間のクローンの培養を法律で許可すべきか、禁止するべきか。

見てわかるように、ディベート形式で出題される問いは、賛成にも反対にもメリット・デメリットがあります。そうした点を考慮したうえで落としどころを探っていったり、賛成・反対の枠を超えた新しい解決策を見つけられると高い評価を得ることができるでしょう。

**論理性を意識しながらも、相手の話をよく聞き、協調して取り組んでいくという難しいさじ加減が求められる**ため、これができる人はコミュニケーション力が高いとされるだけでなく責任感も高く評価され、合格しやすくなるといえるでしょう。

このように、グループディスカッションはテーマそのものが難しく、それについて同年代の高校生と議論し結論を出すとなると、その難易度はさらに上がります。とはいえ、解決していくための切り口、フローは存在します。

対策として、まずは**志望大学がどのパターンなのかを過去問で理解する**こと、そしてそのパターンの**グループディスカッション練習会などに参加して、場数を踏んでおく**ことが必要です。

# 求められる集団討論のレベル感

集団討論やグループディスカッションでは、どのように振る舞えば合格しやすくなるのでしょうか。評価されやすいポイントをお伝えします。

## 時間配分が的確

例えば経営学部で、30分のグループディスカッションで「スーパーの売上を2倍にするには？」というテーマが与えられたとします。その際には、**本題に入る前にまずは時間配分**について議論開始直後に口火を切り、グループを先導するようにしましょう。

考えられる時間配分例を紹介します。

「スーパーの売上を2倍にするには？」（制限時間30分）

課題定義（2分）……そもそもこの質問はどういうことを聞いているのか？　どんな答えが必要か？　チームで共有する。

アイデアのブレスト（10分）……出されたテーマのアイデアを出し合う。

アイデアの整理・まとめ（10分）……出された意見をまとめ、チームの結論を選ぶ。

発表の形にまとめる（3分）……人事担当者に発表するため、チームの結論をロジカルにまとめる。

発表の予行練習（2分）……発表者が事前にリハーサルをしておくと、うまくまとまる。

予備の時間（3分）……時間内にまとまらなかったときのために、予備の時間をとる。

## 課題や要件を定義できる

多くの場合、課題には抽象的なところが含まれています。それを曖昧なままにしてしまうと、後々、「こういうケースもある」といった話になってしまい、アイデアの精度が高ま

りません。そこで最初に、

「一口にスーパーと言っても、国道沿いのスーパーか、学生街のスーパーか、オフィスビルのスーパーかで売上増加施策は全く違いますよね。どんなスーパーを想定して議論をするのかチームで定義を共有してから議論を始めませんか？」

などの形で**課題の中でも特に何について話すのかを決める**ことをお勧めします。

## チームからアイデアを引き出せる

グループ課題では、コミュニケーションが大変重要です。次のようなコミュニケーションでチームからうまくアイデアを引き出せている人は、高い評価を得られるでしょう。

### 1　傾聴する

相手の目を見て「ええ」「はい」と相槌《あいづち》を打ち、うなずきながら話を聞きます。

### 2　意見を否定せず、引き出していく

否定・検討は後の段階でよいので、まずは意見を肯定的に受け止めましょう。そうしていく中で、チームから活発に意見が出るようになるはずです。

### 3　発言できていないメンバーに話を振る

大学では、ゼミなどチームで結果を出すことを求められる場面が少なからずあります。発言できていない人に話を振る姿勢は、ゼミを引っ張っていけそうな印象につながります。

### 4　適宜要約する

「なるほど〜ですね」と相手の発言をまとめていくと、チームが意見を認識しやすく議論の噛み合わせがよくなります。

### 5　アイデアは質より量

ある程度、量が集まってこそ、質の高いものが見えてきます。まずはとにかく発言して議論を活性化させましょう。

## アイデアを整理し、発表内容を決められる

アイデアが出たら、出された意見を大きな括りでグループ化してチームが議論しやすい準備を整えます。例えば、

「それでは、そろそろまとめに入っていきたいと思います。大学付近のスーパーの売上を伸ばす方法として、今まで出た意見は大きく2つのグループに分けられると思います。

A　客単価を上げる方法

● 女子学生向けの高級スイーツを仕入れる。

- 男子学生向けに「60円でお弁当に揚げ物1つトッピング」サービスを始める。

B　客数を増やす方法

- ツイッターで話題になるような「●●頼みすぎちゃいました」のような写真をアップし話題づくりをする。
- 勝手に大学非公認のゆるキャラをつくり、その着ぐるみで接客する。
- 美男美女の店員を取り揃える。

で、この中で「客数を増やす方法」として1つ、「客単価を上げる方法」として1つを選んでいきませんか？　あるいは、両方をミックスさせるのもありだと思いますが、いかがでしょうか？」

という形です。意見をグルーピングすると対立点や類似点が明確になって、これからどんな議論をすれば意見がまとまるかが圧倒的にわかりやすくなります。

逆に、**チームで結論を出す際に絶対にやってはいけないのが多数決**です。

「費用」「スピード」「実行容易性」「効果」等のアイデア評価基準を設定し、アイデアを採点していく方式をとるとよいでしょう。

## ロジカルに発表する

発表をロジカルにまとめあげるためには、ＰＲＥＰ《プレップ》というフレームワークを使いましょう。

Point（結論）……言いたいことは何か？
Reason（理由）……なぜその結論に至ったのか？
Example（具体例）……理由に関する具体的な根拠・事例・仮説を話す。
Point（結論）……最後にもう一度結論をまとめる。

発言例としては、以下のようになります。

【結論】大学付近のスーパーの売上を伸ばす方法として「大学非公認のゆるキャラをつくり、集客に利用する」ことを考えました。

【理由】現在、ゆるキャラがブームであり、大学のモチーフと絡めたキャラクターをつくれば、学生の間で話題になり、自然と集客が増えると考えたからです。

【具体例】学内でコスプレをしている人を写真に撮ってツイッターにアップしている学生をよく見かけます。大学と関連のある少しパンチの利いたゆるキャラならば、学生がツイッターに写真をアップし、自然と話題になるはずです。また、ゆるキャラと関連付けた商品はそうでない商品と比べて30％も売上が上がるというデータも見たことがあります。

【結論】非公認のキャラクターをつくり、それに関連付けて商品を販売することで、集客と客単価アップを同時に狙っていく。これが私たちのグループの結論です。

このように、チームでの議論をうまく回せれば、集団討論での点数はかなり高くつきます。

特に、普段から部長や委員長などで会議やミーティングを多く行なっている高校生は力を発揮しやすいでしょう。

# 第 8 章

# 上位校に合格するために「親」ができること・すべきこと

# 「親御さんが何をするか・しないのか」が、重要であるわけ

ここまで、最新の受験動向と、その対策についてお話しをしてきました。お子さんへの思いが強い方ほど「こんなに大変ならば、つきっきりでサポートしなければ」「絶対失敗しないように、頑張らないと」などと闘志を燃やしているかもしれません。

しかし、大学受験をするのはお子さんですし、そのお子さんはもう高校生です。その前提なしに親御さんばかりが熱くなってしまえば、かえってお子さんはやる気を失ってしまうでしょう。**まったくの無関心も問題ですが、過保護や過干渉もまた、お子さんの進路を阻《はば》んでしまう可能性がある**のです。

そこで本章では、高校生のお子さんを持つ親御さんに、本当にしてもらいたいこと・すべきことを、優先度の高い順にご紹介していきます。

## すること1：大学選び・学部選びの手伝い

親御さんに求める支援の1つ目は、お子さんが大学選び・学部選びをするためのサポートです。本書ではこれまで、一口に「上位校」「難関大学」と扱ってきましたが、その中身は多様です。大学の数だけでもＭＡＲＣＨ、早慶、ＩＣＵや上智、国公立大学などたくさんあり、しかもそれぞれの大学には複数の学部があります。

**大学や学部選びは、十分な情報を集めたうえで慎重に行なうべきであり、お子さんが自分にぴったりの大学・学部を見つけることは、実はとても難しい**ことなのです。ですから、

●お子さんの興味に従って、十分な情報をもとに、大学・学部を選べているか？
●決めた大学・学部が、お子さんの実力と乖離しすぎていないか？

は、非常に重要です。

そもそもお子さんのやりたいことと志望大学・学部の内容が全然マッチしていなければ、どんなにいい書類を出したとしても、
「うちの大学とはミスマッチだね」

と判断されてしまいます。加えて、仮に大学・学部を決めたとしても、実力とあまりに乖離していたら合格は極めて難しいのが現実です。

では、大学や学部選びは、どのようにしたらよいでしょうか。以下に4つのアプローチを紹介します。いずれのアプローチも、主体はお子さんですが、随所《ずいしょ》で親御さんのサポートが必要です。お子さんにできるところはお子さんにやらせ、親御さんはそれ以外のことをやるようにしてください。

### 1 「通いたいか」で選び、「通えるか」を確認する

1つ目のアプローチとしては、**お子さんが学びたいことを学べる大学・学部か、将来目指している職業に就ける可能性が高いかどうかで大学を選ぶ**、という方法があります。

例えば、「経営が学べる大学」「教員採用試験に強い大学」などとインターネットで調べれば、大学候補が出てくるはずです。そこから大学のリストをつくり、そのうえで、「実家から通えるのかどうか」「通えない場合、1人暮らしにはどれくらいの費用（家賃・生活費など）がかかるのか・支払えるのか」といった、家庭ごとの諸条件を加味して絞り込んで

いきます。

そうして作成したリストをもとに、オープンキャンパスなどに行って、「この大学！」と決意するのがこのアプローチになります。

大学選びとしては王道のアプローチではありますが、この考え方には、実はリスクがあります。それは、**受動的な目線で選んでいる**ということです。この選び方において、お子さんは終始「どんな学びというサービスを受け取るか」という発想のため、ともすると、「〇〇のテーマについて研究し、社会に貢献したい」という能動的な視点に欠けやすくなってしまうのです。

能動的な視点が欠けてしまえば、「自分はブランド校に行きたいので、早慶と青山学院しか行きたくないです。大学に入ってからやりたい研究は特にないけど、とりあえずハイソなキャンパスライフを送りたいです。一応、将来は会社を経営したいので経営学部を志望しています」などと考えてしまいやすく、書類や面接で落とされてしまうことにつながります。

## 2　出願できるかどうかで選ぶ

2つ目は、**大学の募集要項を受験形式ごとに1つ1つ見ていって、「大学が要求している出願条件をクリアしているかどうか」で考える**方法です。この形式の場合は、検討すべき要素が多岐にわたります。

そのため、次のページの図のように一覧表をつくってみるとよいでしょう。

ただし、多くのお子さんはまだパソコンスキルがないため、このような表の整理ができないこともあるでしょう。その場合には、親御さんがつくってあげてもいいですね。

一覧表にすることで、出願漏れ防止にもつながります。

## 3　合格できそうかどうかで選ぶ

3つ目のアプローチは、**「合格できそうかどうか」**です。2と似ているように思えるかもしれませんが、出願できることと合格できることは全然違います。

例えば、出願条件が「評定平均3・5」のみの大学・学部があったとします。そして、お子さんの評定が「3・5」だったとしましょう。この場合、もちろん出願は可能です。

| 大学<br>学部・学科名 | A大学経済学部 | B大学国際経営学部 |
|---|---|---|
| 入試の名称 | 公募推薦入試 | 自己推薦入試 |
| オープンキャンパス | ○ | ○ |
| 出願条件 | 評定平均4.0以上<br>英検CSE2150点以上 | 評定平均3.8以上<br>英検CSE2304点以上<br>（1級・準1級） |
| 合格した際の辞退 | 原則<br>不可 | 可 |
| 志望理由書 | なし | あり |
| 自己推薦書 | あり | なし |
| 活動報告書 | なし | あり |
| その他<br>必要書類 | 志願票、写真、調査書、校長の推薦状、英検の書類 | 調査書、写真、英検証明書 |
| 期限<br>（必着／消印有効） | 11/1 | 8/23 |
| 講師への提出予定 | 11/8 | 8/28 |
| 書類提出 | 事前登録：10/5～<br>web出願：11/1～11/9<br>郵送：11/10 消印有効 | web出願システムに登録→選考料の納入→必要書類郵送（速達・簡易書留で！）<br>期間：8/26～8/30 消印有効 |
| 書類選考 | なし | 10/8<br>発表 |
| 試験内容 | 産業社会に関する理解力と思考力を問う試験（英語を含む）（90分） | 小論文 |
| 試験日 | 11/28 | 10/26 |
| 結果 | 12/11 | 11/5 |

ただし、もしこの学部の倍率が10倍であれば、最低でも評定3・5の高校生がたくさん応募していることは間違いありません。人によっては評定4・2に加えて英検準1級も持っているなど、もっと手強い高校生がいる可能性は高いといえます。

これまで述べてきたように、評定や英検は書類上の加点要素になるため、お子さんはそもそも不利な戦いを強いられることになるでしょう。

一方、もしこの学部の倍率が2倍などであれば、ライバルはさほど多くありませんから、志望理由書や自己推薦書、小論文や面接で巻き返すこともできるかもしれません。

このように、**ライバルの数が合格の可能性を左右する**ことになるのです。


大切なことは、**お子さんの評定・英検・探究活動経験および倍率を加味して合格できそうであるのかどうかをしっかりと見積もる**こと。その上で、合格可能性が低いのであれば、滑り止め校を追加するなりしておきましょう。

**多くのお子さんは、志望校を1つ決めると、そこ以外に興味を示さなくなる傾向があります。**そうならないように、ぜひ親御さんから、他校の受験を提案してください。

なお、2次試験が英語や数学の場合、これらの科目が得意な高校生にとってはかなり有利な戦いとなりますので、この辺りの戦略も加味して志望校を決めましょう。

## 4 行ないたい探究や師事したい先生から考える

最後に、アピール入試に最も適したアプローチを紹介します。それは、**お子さんの探究の方向性から師事したい先生を決め、そこからその先生がいる大学を選択する**というやり方です。

大学の先生の多くは、自分の専門について、一般向け・初学者向けに書籍を執筆しています。興味のある分野を探究していくなかで、それらの書籍に出会い、その先生の考えや研究に惹かれる形で大学を選ぶことができれば、志望理由書には自然にその経緯を書くことができます。先生の立場からしても、「この子は本当に○○のテーマについて研究したいんだな」「この子は自分の研究から、より学びたいんだな」と感じられるでしょう。

よって、アピール入試においては、４つのアプローチの中でも、この形で大学や学部を選べれば、最も合格率が上がります。

その際も、もちろん実力との乖離などは見なければなりませんが、出願できる大学・学部であればぜひチャレンジしてみてください。

COLUMN

## 意外に注意が必要な「専願」の有無と2次試験日程

4つのアプローチとは別に、出願するにあたって注意していただきたい点が2つあります。それが、「専願」の有無と、2次試験日程です。

### 「専願」の注意点

専願とは、「合格したら必ず入学する」ことを前提とした出願方法です。そのため、合格後には、辞退することができません。

いえ、もちろん入学を拒否する権利は個人にありますから、辞退をしても法的に罰せられるわけではありません。しかし、通っている高校が大学とつながっていて指定校推薦などの枠をもらっているような場合には、ある生徒が専願で合格したのに辞退したことで、翌年以降の指定校枠が減らされるなどの措置がとられることもあります。そうならなくとも、その大学との信頼関係には悪い影響を与えるはずです。

ですから、アピール入試で複数の大学を受験する場合には、2次試験の日程も含めて、学校の先生ともよく話しておく必要があります。

例えば、併願ＯＫのＡ大学と専願のＢ大学を同時に受け、Ａ大学が第1志望だったとします。Ａ大学の合格発表がＢ大学の2次試験よりも前であれば、Ａ大学に合格したらＢ大学の2次試験を受けない、という方法をとることができます。

しかし、Ａ大学の合格発表前にＢ大学の2次試験を受け、両方の大学で合格となった場合には、たとえＡ大学が第1志望でも、専願のＢ大学に行くしかなくなってしまいます。結果、第1志望を蹴らないといけないということにもなりかねませんので、十分に注意してください。

ただし、多くの上位校では、併願ＯＫの総合型選抜の試験が「9月　出願、10月　試験、11月　合格発表」というスケジュールで行なわれるのに対し、基本的に専願の公募推薦は「10～11月　出願、11～12月　試験、12月　合格発表」というスケジュールで、専願試験のほうが後日程で行なわれています。そのため、まずは併願で総合型選抜を受け、ダメだったら公募推薦に挑戦、という形で受験を進めていくとよいでしょう。

この視点で見れば、「志望度が低い大学の専願はしない」というのは、いうまでもありません。前述のように、専願は「合格したら必ず入学します」と宣言するもの。志望度が低い大学の公募推薦を受けると、より志望度の高い大学に入学するチャンスを手放す恐れがあります。滑り止めと考えている大学が「専願」でないかどうかは、今一度チェックしてから臨みましょう。

## 2次試験日程の注意点

次に2次試験の日程です。多くの2次試験は、土日に行なわれます。そのため、複数の大学に出願すると、2次試験の日時が重なるケースが出てきます。もちろん、日にちが同じでも、C大学が午前、D大学が午後、というように時間がずれていて、移動圏内であれば両方を受験することができますが、そうでない場合には、片方しか受けられません。

2次試験の日程を考慮すると、2つの出願の方針が考えられます。

1つ目は、2次試験の日程が重なる大学があろうとも、そもそも書類が通るかどうかわからないので、一通り出願するやり方です。書類が通過した大学のなかから、どの2次試験を受けるかを考えます。この場合、多数の大学に出願するため、受験料はその分多くかかって金銭的な負担は増えますが、より志望度の高い大学に合格する可能性は高まります。

2つ目は、2次試験の日程を見据えて出願する大学を減らす（より志望度の高い大学と2次試験日程が重なっている場合は出願しない）方法です。この場合は、出願した1校の書類が通過するかがわからないため、リスクはありますが、受験料を抑えることができます。

どちらの方針を選ぶにしても、どこかのタイミングで受験大学を選ばざるを得ません。先ほどの項目で紹介した大学選び・学部選びに真面目に取り組み、後悔のない選択をしてください。

## すること2：必要な探究活動の支援

### お子さんの興味から探究活動を始める

親御さんがすべきことの2つ目は、**アピール入試で必要な探究活動の支援**です。ただ、そうはいってもたいていの高校生は、学問や研究に興味がありません。

その場合には、親御さんからヒントなりきっかけなりを与える必要があります。まずは、お子さんの趣味を切り口に、探究活動につながりそうなことを話してみましょう。アニメや漫画、ＳＮＳを見てばかりだったり、ゲームばかりしていたりするお子さんは多いですが、それ以外で探しましょう。

例えば、学校の授業で取り上げられた環境問題について、お子さんが興味を持ったとします。そうしたら、ぜひそこから興味をどんどん広げたり深めたりしていきましょう。

興味の幅を広げるなら、環境学などの入門書を提示して読ませるといいですね。興味を深めるならば、環境問題の中のどんな問題（砂漠化、温暖化、森林伐採、海洋汚染など）

に特に関心があるのかをヒアリングし、その問題の原因について調べさせたり、解決の方向性について思案させたりするといいでしょう。

その際には、インターネット上の情報だけでなく、**書籍あるいは論文にも触れさせてみてください。**最初は何かの文献を親御さんのほうで先回りして提示してあげてもいいでしょう。

あるいは、文章を読むのが苦手な場合には、環境問題解決のための取り組みを行なっている団体にアポを取らせ、インタビューの機会をつくるのも手だと思います。こうしたきっかけで、学問に興味を持っていくパターンはとても多いものです。

なお、アポ取りや情報収集のプロセスは本来、お子さん自身でやることが望ましいというのは言うまでもありません。ただし、最初はどうしていいかわからないもの。**まずは親御さんがやり方を示して、その続きを自分でやらせるなど、抵抗なく始められるように導いてあげましょう。**

さて、きっかけをつかむことができれば、高校生は自分で様々なことを調べ出して、家族にその内容を話したり、

「これって何でこうなっているのかな？」
「お母さん、今問題になっている○○ってどう思う？」
などの問いや議論を発するようになります。こうなればしめたもの。そうした成果をレポートなどにまとめれば、評価の高い志望理由書は書けるはずです。

当塾では、このようなアプローチを「ボトムアップ型の探究学習支援」と呼んでいます。ご家庭でも、ぜひやってみてください。

### 行きたい大学・学部に合わせて探究活動を探す

探究活動は、お子さんの興味から始めるのがごく自然なアプローチですが、一方で、**行きたい大学や学部に合わせて探究活動を行なう**という方法もあります。それが「トップダウン型の探究学習支援」です。

この方法ではまず、**志望校や志望学部の課題レポートの過去問題をお子さんに与えます。**例えば上智大学は、ほぼ全学部で毎年２０００字程度の課題レポートを課していますので、これをやらせるわけです。

その課題を解くためには、自分なりに文献を調べたり、考えをまとめたりすることが必要になります。そこから学問への探究を始めていくのです。この後の流れは、「ボトムアップ型の探究学習支援」と同様です。

## すでにやってきた活動と、教授の研究の共通点を探す

3つ目も「トップダウン型探究学習支援」の一種です。**師事したい先生をまず決めたのち、その先生の専門とこれまでお子さんが行なってきた活動実績の共通点を見つけ出していく方法です。**お子さんの活動を志望学部での学びに寄せていくことができ、ゴールが決まるため、課題に取り組むハードルを下げることができるでしょう。

ただ一方で、内発的な動機に基づいた探究を行なってないため、結果的に主張するポイントが既存の研究の表面をなぞったものになってしまったり、大学のウェブページの文言の模倣になってしまったりしやすいという課題があります。中身のない、薄い探究になっていないか、目を光らせておく必要があるでしょう。

## 上下両方の視点を持つのが理想

ここまで、３つのアプローチをご紹介しました。そのなかからお子さんに合いそうな方法を選んでいただければと思いますが、少しレベルを上げるならば、この**３つのすべてを織り込んだアプローチが理想**です。

要するに、**入りたい大学・学部や師事したい教授は決めつつも、自分の中で興味を持っていることについて初学者向けの本を読んだり調べたりすることで、学問に対して自分独自の見解を持っていく、という形**です。

ボトムアップ、トップダウンの両方からアプローチができれば、お子さんの内発的な動機や興味・関心と、大学側が求める学生像という両方の条件を満たす探究活動につながりやすくなります。

いずれにせよ、親御さんのほうがお子さんよりも、世の中のことについては多く知っているはずです。その経験を生かしながら、お子さんにアドバイスしていってください。

## すること3：書類・小論文の添削

親御さんにできるサポートの3つ目が、**提出書類や小論文の添削**です。

**「文章の正しさ」**という点でも、**「内容」**という点でも、親御さんのサポートは重要です。

まず「文章の正しさ」について。国語が得意で文章を書き慣れている子はまだしも、そうでない高校生が文章を書くと、たいていは日本語としてどこかおかしいものを書いてきます。

具体的に高校生に多く見られるのは、291ページの一覧のような間違いです。

このようにお伝えすると、なかには、

「なーんだ、そんなことは学校で習ったし、うちの子も学校で習っているはずだから大丈夫。日本語は書けるわけだし、問題ないでしょ」

とおっしゃる親御さんもいます。それでも、**まずは一度、だまされたと思ってお子さんに文章を書かせて、それを見てみてください。十中八九、その期待は裏切られることにな**

ると思います。

日本の学校教育は、作文や小論文などの発信力を鍛えるカリキュラムではありません。そのため、「読めるけど、書けない」という高校生が非常に多いのです。

さらに、自分の書いた文章の間違いは気づくのが難しいもの。いくらお子さん自身に「注意深く見直しをしなさい」と言っても、そもそも勘違いしている可能性もあり、お子さんの力だけで正しい文章を書くのは困難です。

そこで、親御さんの出番です。

他人の書いた文章は客観的に見ることができるため、おかしな点はすぐにわかります。ぜひお子さんに文章を書かせて、その添削をしてあげましょう。

小論文や課題レポートだけでなく、探究活動の結果を1000字程度でまとめさせるだけでもいいですね。

毎週やらせて、親御さんが添削するようにすると、お子さんの文章力はメキメキ上達していくはずです。

## 高校生に多い間違い一覧

- 「です・ます調」と「だ・である調」の混在
- ら抜き言葉（見れる、食べれる、など）
- 主語と述語が対応しない
  例：私の主張は死刑を廃止すべきと思います。
- 副詞の呼応関係が成立していない
  例：20代は、いろいろな職種を経験したほうがいい。なぜなら、ひとつの職種しか経験していないと、人間の幅が狭くなってしまう。
- 論理の飛躍、論理の矛盾
  例：高速道路を無料化することで、経済が活性化するはずだ。
- 誤字・脱字や、同音異義語・送り仮名間違い、固有名詞の間違い、仮名遣いのミス
  例：×写真撮映　→　○写真撮影
  ×低くい　→　○低い
  ×ビッグカメラ　→　○ビックカメラ
  ×近ずく　→　○近づく
  ×ちしん　→　○じしん
- 語彙不足
- 話し言葉や若者言葉（コンビニ、ぶっちゃけ、「〜という感想」、など）
- 文字数不足（指定の文字数の95％に満たない）

**高校生の文章のよくある問題点**

- 大学に評価されるかどうかはまったく関係なく、自分が頑張った話を書いてしまう
- 学問への熱意ではなく、本音を書いてしまう
- どの大学にも当てはまることを書いてしまう
- やりたいことができるゼミや研究室・先生が、志願している大学にない・いない
- 大学のウェブページに書いてあることを切り貼りしたよう話を書いてしまい、独自性がない
- 学問を志すに至った原体験がなく、宙に浮いた文章になっている
- 卒業後に目指している進路が、明らかにその大学の進路実績と乖離している

続いて「内容」に関しては、志望理由書や自己推薦書が、大学・教授から評価されうるかどうかのチェックが必要です。というのも、多くの高校生が書いた文章は、しばしば上記のような問題点があるからです。

このような内容面のミスは、高校生の文章ではほぼ確実に起こっているはずです。親御さんのほうでも志望校や学部の情報をチェックして、試験官になったつもりで内容をチェックするとよいでしょう。

## すること4：模擬面接の実施

最後が**模擬面接**です。面接で頻出の質問について、お子さんがスラスラ回答できるまで、何度でも面接練習に付き合ってあげましょう。

その際、**その様子を動画で撮って、あとでお子さんに見せる**ことをお勧めします。

おそらく多くのお子さんは、下記のように気づくと思います。

- 自分が思っていたよりも話し声が小さい
- 自分が思っていたよりも自信がない・元気がない
- 自分が思っていたよりも目がキョロキョロしている
- 自分が思っていたよりもどもっている
- 自分が思っていたよりも肌が荒れている
- 自分が思っていたよりも回答内容をスラスラ話せていない

加えて、親御さんも以下のことに気づくはずです。

●思っていたよりも子どもの志望動機が浅い
●思っていたよりも子どもが生意気で可愛げがない
●思っていたよりも子どもの回答が遅い
●思っていたよりも子どもの話が長くてイライラする
●思っていたよりも子どもの回答が論理的に飛躍している

このように、面接は小論文と同様、練習をしてみないと自分ができていないことに気付けません。できるだけ早くから練習を行なうことで弱点を補強していきましょう。

# 第9章

# 進路相談Q&A

本書の最後に、よくある親御さんからのＱ＆Ａに回答していきたいと思います。

## Q　総合型選抜・公募推薦において　スポーツの全国大会出場は有利に働きますか？

**A**　入試形式によります。例えば、同志社大学社会学部の自己推薦（スポーツ）では、出願資格においてスポーツでの活動実績を以下のように定めています。

●高等学校在学中に各種競技スポーツにおいて以下のいずれかの実績をもつ者。

①　全国高等学校総合体育大会、全国高等学校選手権大会、全国高等学校選抜大会、国民体育大会、およびこれらに準ずる全国大会の試合に実際に出場した者。（※１）

②　オリンピック、世界選手権大会、およびこれらに準ずる国際大会の試合に実際に出場した者、または日本代表メンバーとして選出された者。（※２）

※１：年齢別・学年別で区分された大会や国公立高等学校または私立高等学校だけで開催される大会、武道関係の特定の流派による大会、下部リーグによる大会な

ど、出場者が限定される大会は出願資格の対象となりません。

※2：日本代表メンバーの候補では出願資格の対象となりません。実際にメンバーとして選出された場合に出願資格を満たすことができます。

このような入試方式の場合、高校時代のスポーツの全国大会出場歴は有利に働くでしょう。同様に、スポーツでの全国大会入賞歴を評価するアピール入試は、ＭＡＲＣＨや関関同立に多く存在しています。そのため、全国大会への出場歴があるのであればそれが生かせる入試方式を選択していくと勝率は高まります。

ただ、注意が必要なのは募集人数が少ないことです。その少ない人数の枠を争って全国大会出場者が争うことになります。その場合は、当然、全国1位の子のほうが全国8位の子よりも有利になりますので、全国大会出場でもある程度の序列があることは押さえておきましょう。

これらのスポーツ推薦を除き、大半の上位校のアピール入試ではスポーツの実績を求めておらず、スポーツでの経験が学問に生かせることはスポーツ科学部などを志望する場合に概ね限られてしまいます。

それよりも求めるのは、前述したような学問につながる活動で、例えば文学部哲学科を志望する際にスポーツで全国大会に行っていること自体は基本的に意味がありません。ただし、全国大会に行ったからこそわかる心理的・哲学的境地はあるはずなので、そこから文献を追加で読んで探究を進め、それを志望理由書に落とし込んでいくことは有効です。スポーツが直接学部での学びに生きない場合には、**スポーツをどのように意味づけるのか、**という点をよく考えてみてください。

## Q うちの子は、特に探究したいテーマがないようです。どうすればいいですか？

**A** 前述の通り、基本的にほとんどの高校生には学問的に探究したいテーマはありません。そのため、これから親御さんが様々な機会を提供して、学問的な探究の方向性を模索させる必要があります。

学問的な探究テーマを見つけるアプローチについては、284ページを参照してください。

## Q 部活は都大会程度しか実績がありませんが不利ですか？都大会程度の実績もない場合はどうすればいいですか？

A 大会などの実績がない場合には、基本的に部活での活動経験は大したアピールにはなりません。強いていえば、「部活でコミュニケーション力を培いました」ということ自体は多少のアピールに使えますが、そのレベルの話であれば他の高校生もみな、話しています。アピールしたとしても、特段有利になるとはいえないでしょう。

それならば、部活でのアピールはやめて、インタビュー調査や文献調査などの探究活動を行なわせたり、英検準1級や評定平均の向上、小論文の実力養成を行なうほうがはるかに合格に直結します。

## Q 小論文はどうやったらうまくなりますか？

A 小論文上達のコツは、2つあります。

1つは、**本をたくさん読むこと**です。できれば小説などのフィクションではなく、論説文や評論文を読むようにしてください。

書籍でいうと、「新書（単行本よりも小さく、文庫本よりも大きい判型）」がお勧めです。なぜなら、新書の多くは大学教授が書いていますし、論説文や評論文の形式になっているからです。さらに、新書は基本的に、専門家ではなく一般の読者に向けて書かれているので、いきなり専門性の高すぎるものを手に取ってしまうリスクも抑えられます。

大学教授が書いた新書をたくさん読んで、大学教授の語彙レベル、そして事例の出し方を習得しましょう。加えて、筆者の主張、根拠、具体例、逆接などの論理的な文章の型に触れることで、読解力の向上にもつながります。

インターネットの記事にもよいものはありますが、その質はまちまちです。やはり書籍のほうが情報がよくまとまっていますし、コンセプトが明確で論理的な内容が多いため、多くの学びを得られるでしょう。

なお、何か特定のテーマの小論文を作成したり、探究活動の結果をレポートなどの形でまとめる際には、最低でも3冊は書籍を読むべきです。複数の視点からの事例や意見を入手することが、自分独自の意見を発信する材料となるでしょう。

小論文上達のコツの２つ目は、**とにかく文章を書くこと**です。当塾の生徒には、志望する学部に関係するテーマの１０００字の小論文を、毎週必ず１つか２つ、書かせています。

なぜ、週に１～２つの小論文を書かせるのか。その理由は２つあります。１つ目は、小論文を書き慣れることで、自分の意見を論理的に伝える習慣を身につけるためです。

これは当塾の指導理念でもありますが、真に社会で活躍できる人材とは、自分の意見を論理的かつ情熱的に発信し、相手を説得する力を有した人材であると考えています。しかし、日本の高等学校教育や大学教育ではこのような力を養うカリキュラムがないため、自分の意見を発信できない若者が非常に多い。

意見を論理的に発信する訓練を日頃から行なうことで、小論文でも面接でも堂々と振る舞えるようになりますので、とにかく書く量を確保している、というわけです。

２つ目の理由は、そもそもの作文力を上げるためです。前述のように、高校生の文章は多くの「あら」が見られます。文法のミス、論理の飛躍、意見に関係のない意味のない文章の挿入など、初歩的なところができていない高校生はあまりにも多くいます。これは上位校を目指している高校生でも同様です。

よって、とにかく書く分量を増やして日本語のミスを減らすことが点数アップの第一歩なのです。

## Q 帰国子女の受験戦略を教えてください。

**A** 上位校には、**帰国子女向けの募集枠**があります。その枠で受験する、というのが基本戦略でしょう。

帰国子女の定義は大学によって異なるものの、主には①日本国籍を有しており、②海外の高校に一定期間以上在籍していた高校生を指します。これらの高校生は日本の教育カリキュラムを受けていないため、古文や漢文などを習っておらず、一般入試で上位校を受けることが難しいはずです。そういった意味でも、帰国子女向けの推薦入試で複数校を受けていくのがお勧めです。

そのためには、どのような対策が必要でしょうか。たいていの上位校の帰国子女枠試験では、下記の3つの出題が見られます。

1　英語のエッセイ

2　日本語の小論文
3　日本語／英語面接

英語のエッセイについては、英検1級レベル、あるいは準1級レベルで出題されていますから、それに準じて書ければよいでしょう。大学によって、出願書類として求められる場合と、2次試験で求められる場合があります。

出願書類で求められる場合には、事前に事例などを調べる時間がありますから、探究活動を行なった上でそれを英語できちんと表現していきましょう。

2次試験で求められる場合には、学部によってよく出るテーマが決まっています。それまでに何度もエッセイを書く練習をして臨むことで、本番で活用できる事例や具体例をスラスラ出すことができるようになると思います。英語のエッセイは日本語の小論文と同様に練習あるのみ。十分に訓練して臨みましょう。

2の日本語の小論文についてはここまでで述べた通りです。

3の日本語や英語の面接についても、よく出る質問が学部ごとに決まっていますので、それらを踏まえて練習をしましょう。英語であれば、英語の回答を事前に用意して、英語で模擬面接をしていくことが重要だと思います。

言語が異なれど、必要となる論理的発信力は変わりません。言語が変わることによって文章・文法のミスなどが増える可能性があるのでそこは注意しつつ、メインである自分の意見を論理的に伝える訓練をしていきましょう。

## Q 総合型選抜・公募推薦は浪人生でも活用できますか？

**A** 大学・学部によりますが、**浪人生はＮＧ**と思っておいたほうがよいでしょう。

私が指導してきた限り、慶應義塾大学の総合政策学部・環境情報学部は浪人でも合格できます。しかし、スポーツ推薦などの形式であれば、現役生のほうが浪人生よりも体力・技術的に上なことが多いため、やはりそちらが選ばれてしまいます。

そういう意味では、浪人は絶対に合格できないわけではありませんが、現役よりも不利であるということを覚えておきましょう。

大学側には、わざわざ浪人してまで探究活動や課外活動をアピールするくらいなら、一般入試の勉強をしたほうがよいと考えている教員も少なくありません。それでも浪人の学生を合格させるのは、よほど課外活動で忙しくて一般およびアピール入試に時間を割けなかった高校生である場合か、留学などで海外の高校などに通っていて、卒業時期の関係で年度内の入試に間に合わなかった場合を考慮しているからです。

こうした背景のため、浪人をして合格することは不可能ではありませんが、上位校を狙うことが難しくなると考えておきましょう。チャンスは1回きりなのです。

## Q 子どもが大学で学びたいものと就職が連動しないときはどうすればいいですか？

**A 上位校であれば、就職とは連動しなくても入学する**ことを勧めます。もちろん、大学での学びが就職と連動するような学科、例えば経営・経済・商・情報・工などの学部に入れるのであればそれがベストだとは思います。しかし、受験の難易度や本人の実力、これまでの課外活動や探究の方向性を考えた際、「早稲田大学の政治経済学部には入れなさそうだけど文化構想学部や人間科学部には入れそう」ということが、受験ではザラに起こります。

その際、挑戦という形で政治経済を受けるのか、はたまた文化構想で確実に合格を取りに行くのかということを検討する必要があるわけです。

結論、就職指導をしている身からすれば、企業が気にしているのは学部よりも大学名です。そのため、学部が違っても上位校に入れるのであればまずはそこに入ることをお勧めします。そのうえで、大学に入った後は、就職時に志望業界から評価される課外活動を行なっていくのがよいと思います。大学での学びよりも課外活動などでの実績を重視する企業は未だに多いもの。「大学での学びは今の仕事に特に役立っていない」と思っている人事担当者や社会人は多くいるため、まずはできるだけ有名校に入りつつ、入学後の課外活動によって学部の有利不利を逆転していくことが現実的だと思います。

なお、学部の学びと専門職との連動性が高いような学部、例えば看護・医・保健・薬・法・福祉・教育・芸術・建築などの場合には、そこから民間企業に行くのには工夫が必要です。この辺りは拙著『子どもを一流ホワイト企業に内定させる方法』をご覧ください。

## Q　インター校・ＩＢ校在籍の場合の受験戦略を教えてください。

**A**　昨今増えている、インターナショナルスクールや海外のＩＢ（インターナショナルバカロレア）認定校に通っている高校生向けの受験戦略について解説しておきます。

これらの教育機関は、日本の高校とは違ったカリキュラムや科目になっており、大学受験に関係してくるのはＩＢ校のＤＰ（ディプロマ・プログラム）です。文部科学省の「ＩＢ教育推進コンソーシアム」によると、ＤＰのカリキュラムは、次の６つのグループ（教科）及び「コア」と呼ばれる３つの必修要件から構成されています。生徒は、６つのグループから各教科ずつ選択し、６科目を2年間で学習します（３０８ページ参照）。

そのほか、必修のコア科目として、Extended Essay（ＥＥ、課題論文）、Theory of Knowledge（ＴＯＫ、知識の理論）、Creativity, Activity & Service（ＣＡＳ、創造性・活

## DPの6つのカリキュラム

**グループ1　言語と文学（母国語）**

科目名：「言語A：文学」「言語A：言語と文学」「文学と演劇」

**グループ2　言語習得（外国語）**

科目名：「言語B」「初級言語」

**グループ3　個人と社会**

科目名：地理、歴史、経済、ビジネスと経営、情報テクノロジーとグローバル社会、哲学、心理学、社会・文化人類学、世界の宗教、グローバル政治

**グループ4　理科**

科目名：生物、化学、物理、コンピュータ科学、デザインテクノロジー、スポーツ・エクササイズ・健康科学、環境システムと社会

**グループ5　数学**

科目名：「数学：解析とアプローチ」「数学：応用と解釈」

**グループ6　芸術**

科目名：音楽、美術、ダンス、フィルム、演劇

## 必修のコア科目の内容

**課題論文**（EE：Extended Essay）

生徒が関心のある研究分野について個人研究に取り組み、研究成果を4,000語（日本語の場合は8,000字）の論文にまとめる。

**知の理論**（TOK：Theory of Knowledge）

「知識の本質」について考え、「知識に関する主張」を分析し、知識の構築に関する問いを探究する。批判的思考を培い、生徒が自分なりのものの見方や、他人との違いを自覚できるよう促す。

**創造性・活動・奉仕**（CAS：Creativity/Activity/Service）

創造的思考を伴う芸術などの活動、身体的活動、無報酬での自発的な交流活動といった体験的な学習に取り組む。

動・奉仕）の３科目が配置されています（３０９ページ参照）。

この３つのコア科目の存在は探究型学習と全人的教育を強調するＩＢ教育の大きな特徴です。

国際バカロレア資格の取得には、ＤＰカリキュラムを全て履修し、外部評価（国際バカロレア試験等）及び内部評価を通じて、45点満点中、原則として24点以上を取得する必要があります。配点は、６科目につき各７点（計42点）です。

さらに、必修要件（「コア」）について、ＴＯＫとＥＥの評価結果の組み合わせに応じて最大３点が与えられます（ＣＡＳは評価対象外）。

また、国際バカロレア試験は、南半球と北半球の学校年度に対応できるよう、年２回、世界で一斉に実施されます。日本の一条校（一般的な高校）の場合は、原則として３年次の11月に実施され、翌年の１月５日に最終スコアが通知されます。

このように、日本の教育とは違った内容をインプットし、ＥＥに見るように自由研究を行なってその結果を４０００語ないしは８０００字の日本語でまとめるため、自然と探究学習をしてレポートを書く流れになっているのが特徴です。

ＩＢのＤＰは、もともと外交官や国際的機関で働く人の子どもたちが母国の大学に進学しやすいよう開発されたプログラムで、特定の国の制度・内容に偏らない世界共通の大学入学資格と成績証明書を与えるためのものでした。２０１５年11月時点では、世界１４７カ国（地域）・４３００校以上の学校でＩＢが提供されています。

ただ、定義上、ＩＢ校は文科省が定めている一条校ではないため、日本においては塾と同じ扱いです。公募推薦・総合型選抜の出願資格が得られなかったり、一般入試の出願資格が得られないことがほとんどであるために、ＩＢ校の生徒向けの入試枠が用意されているわけです。

試験の形式は各校によって異なりますが、書類の段階で志望理由書に加え、ＥＥのコピーやＴＯＫ、ＣＡＳのレポート添付を求められることが多くあります。つまり、それだけ書類の比重が重いということです。その代わり、書類だけで合否を決定する大学があったり、小論文の試験が省かれていて面接だけになっているような選考プロセスになっています。

これだけ見るとラクそうと思うかもしれませんが、**そもそもIBを取得することが非常**

**に難しい**わけですから、ある種、当然といえるでしょう。ちなみに、ＩＢは取得している人が非常に少ないため、多くの募集枠も「若干名」となっています。

注意が必要なのが、ＩＢのないインター校や、インター校に通ってＩＢが取得できなかった場合です。

ＩＢ取得者の募集はどこの大学でもある程度行なわれていますが、ただ単にインター校に通っていただけの生徒を募集している大学は少ないです。この理由は単純に、日本語で展開される日本の大学の授業に、これらの生徒はついてこられないことが多いためです。

ＩＢがとれていないインター校の生徒は、国語も英語も両方が中途半端になっており、なおかつ古文などの科目についてはきちんと扱っていないため一般入試もできないという最悪の事態に陥りやすくなります。もちろん、英語がずば抜けて話せて、慶應義塾大学や早稲田大学、立教大学などの一部の大学が行なっている「授業を全て英語で行なうコース」に行くのであれば問題ありませんが、そこまでの英語力や学力があればＩＢが取得できるはず。

英語も日本語も中途半端な学生を受け入れる体制は多くの大学で整っていないため、**安易にインター校を選択すると、日本における出口がなくなります。**

よく、「自分はインター校に行っていたから海外の大学を検討している」という高校生がいますが、その胸の内を聞いてみると、「本当は日本の大学に入りたいけど、その入り口が狭くて受かりそうにない」ということが非常に多くあります。インター校の生徒は本当に大学入試で苦労しているように思いますので、これからこれらの高校に行かせるのであれば、そのメリットとデメリットをよくよく考えたほうがよいでしょう。

## Q 理系の受験戦略を教えてください。

A 結論からいえば、**一般入試の勉強を第一に行ない、プラスアルファでアピール入試を受けてください。**ここが文系との違いだと思います。

現在、理系の場合に門戸が広く開かれているのは一般入試です。アピール入試に力を入れているのは東京理科大学や地方国公立大学が多いですが、その試験科目の小論文の多くは単なる理系の記述式問題であり、その意味でも一般入試対策が不可欠です。というのも、理系の大学に入った後に研究を行なっていくためには、理系科目の基礎ができていないといけないからです。

その基礎を測るためには、探究活動によるレポートよりも、テストをしたほうがはっきりわかりますし、採点もラク、ということになり、「アピール入試」といってもテストが多いというわけです。

ただ1つ朗報なのが、**理系学部のアピール入試の問題の難易度は、一般入試の問題よりも低い**ということです。よって、共通テスト模試などの理系科目の成績が悪いけれど、高校時代には化学部や生物部で実験をたくさんやってきたようなお子さんには、この入試方式はうってつけだと思います。

理系の場合の探究活動はやはり実験です。その点で、実験機材があるような高校に入り、そこで理科系の部活に入っているような高校生は、この入試を必ず受けたほうがいいでしょう。

加えて、数学オリンピックや物理・化学オリンピックでいい成績を修めている高校生は、早稲田大学や慶應義塾大学、東京大学・京都大学・東京工業大学も十分狙えます。

そういった高校生はそもそも一般入試の勉強にも取り組んでいることが多いかとは思い

ますが、アピール入試のチャンスを活用して早めに１つ合格をとっておくといいと思います。

なお、私自身も高校時代には、高３の11月に行なわれた東工大の特別選抜試験に合格しましたが、その前に数検財団主催の全国数学選手権大会団体戦で決勝まで進んでいましたし、数学検定１級も保有していました。

どこかの大学に合格していると、その後の受験における自信にもつながるでしょう。

なお、理系から文転をした場合にはこの戦略は通用しません。この場合、世界史や日本史などの文系科目ができていないわけですから、一般入試が不利になりやすいです。よって、文系の中でも数学を使うような経済学部などを志望しつつ、アピール入試を受けていくことをお勧めします。

## Q 高校を留年すると不利になりますか？

A **基本的に不利になります。**面接官からすれば、高校で留年となれば、その背景を探りたくなります。それで、メンタルが弱かったり、病気がちだったり、人間関係で揉めたのかな、などと思われてしまう可能性があるでしょう。

言い換えれば、**面接官が納得する理由があれば、問題ない**といっていいでしょう。例えば、留学で1年遅れた、家庭の事情で高校に通えない時期があった、などです。

しかし、留年をして、評定平均4・0をとれる高校生は、ほとんどいないのではないかと思います。ならば、一般入試でＭＡＲＣＨ以上の上位校を目指すことをお勧めします。

## Q 不登校だと不利になりますか？

**A** 不登校だった人が総合型選抜で合格するのは、簡単なことではありません。しかし、努力次第で、合格の可能性を高めることは可能です。

アピール入試では欠席日数の多さが不利になる可能性はありますが、それだけで合否が決まるわけではありません。なぜなら、アピール入試の合否は面接での印象・出願書類の完成度・評定平均・保有している英検の級やスコアといった複数の項目の総合評価で決まるからです。

つまり、欠席日数が多い分だけ、小論文や面接等、他の部分での高評価を目指すべし、ということです。

特に力を入れていただきたいのは、「活動実績づくり」です。留学やフィールドワーク、学術イベントへの参加、企業との共同研究、ボランティア活動等、強い活動実績を持ちたいですね。留学であれば、その後英検準一級等の資格をとって自分の語学力をアピールしたり、現地での生活を通して得たものをエピソードまじりに話せれば、まわりの受験生よりも際立つはずです。

また、英語以外の、希望学科に沿った言語学習目的の留学も非常に強い活動実績です。中国語を専攻したいのであれば中国に、フランス文学科に進学したい場合はフランスに留学すれば、学ぶ意欲や姿勢を示せます。不登校の場合、その分時間ができますから、様々な活動実績をつくってみましょう。

**不登校の人が総合型選抜を受ける際には、面接で不登校の理由を聞かれた場合の準備をしておきましょう。**

不登校で欠席日数が多い生徒は、「入学してもしっかり学校に来ないのでは？」と思われてしまいがちです。そのため、面接時になぜ欠席が多いのか理由を聞かれる可能性があります。他人には触れられたくないような内容まで聞かれる可能性もありますが、それはすべて、「入学後にこの子は頑張れるのか」を見るためです。事前に明確な理由を用意してしっかりと受け答えをし、面接官を安心させるようにしましょう。

なお、もし今通っている高校での出席日数が足りず、卒業できない場合には、通信制の高校に通うという方法があります。

中央国際高等学校、トライ式高等学院、一ツ葉高等学校、鹿島学園高等学校、N高等学校等、通信制高校も様々です。それらの高校に通って評定平均や出席日数を確保するのも1つの戦略です。通信制高校では、進学校よりもいい成績をとりやすいはずですから、アピール入試の出願資格をクリアしやすいといえるでしょう。

## Q 海外大学を検討しているのですが、何か注意点はありますか？

**A** 海外大学に進学する際に注意したいのは、就職という出口の問題です。海外の大学にいくと、基本的に日系企業の選考は、スケジュールが合わず受けにくいということになります。一部のグローバル企業は夏採用を行なったり、キャリアフォーラムなどの形で海外の大学生を採用したりしていますが、その枠も非常に少ないのが現状です。

さらに、その枠も、もちろんグローバルに展開しているコンサルティング会社や商社、メーカーなどもありますが、メインは海外の大学生の語学に堪能という面に注目した、ホテルなどのインバウンド関連です。また、前述の企業はウェブで国語と数学の試験が課せられることが多く、そこで不合格となる学生も多くいます。

もう1つ、海外大学生は、面接でも敬遠されがちな発言をしてしまうという話をよく聞きます。

例えば、日本企業の中には、「まずは現場で営業を経験し、その後本社で企画やマーケティングをやる」というキャリアパスを敷いているところも少なくありません。しかし、海外大学生の多くは、「最初に営業に行くのは非効率。せっかく海外大学に行ったのだから、企画をやりたい。海外の会社だとそれが当たり前だ」などの、会社の組織体系を無視した発言をしがちです。海外にかぶれてこうした慣行に逆らう発言をすれば、当然内定は得られません（海外大学への留学自体は、当社もプログラムを組んで指導し、応援しています。海外大学進学、日本企業就職というキャリアプランを考えている方は、ご相談ください）。

第1章でも述べましたが、コンサル会社や商社、メーカーなどでは海外大学の学生だけでなく、早慶や東大の学生も多くエントリーしています。海外大学という特殊な経験をしていることは素晴らしいですが、就活では日本のトップ大学の学生と戦うわけですし、日本の学生の中にもＴＯＥＩＣで９００点を超えている学生はざらにいますから、海外大学に行けば簡単に日系企業に就職が決まるとは思わないほうがよいでしょう。

海外高校、海外大学に行くのであれば、**そのまま海外の企業に就職したり、外資系の会社に就職する道を行く覚悟を決めてからにする**ことをお勧めします。

## Q うちの子は英語が苦手です。どうすればいいですか？

**A** そういう子はいますよね。でも、ここはしょうがない。英語をやらせましょう。塾に行かせる、留学に行かせるなど、やり方はいくらでもあると思います。

英語ができない子に不足しているのは、単純に**英語学習の勉強時間**です。英語は日本語と同じ語学ですから、やっただけ上達します。よって、単語を覚える、英文を読解する、英作文を書く、英語を聞く、英語を話すなどの機会をできるだけ多くつくるようにすることが、遠いように見えて最善の解決策になります。

単語については学校で配られている単語帳を徹底的にさらうことがまずは重要です。文章つきの単語帳（『速読英単語』や『文で覚える単熟語』など）を活用すれば、英文読解も兼ねられるので一石二鳥です。そういった単語帳にはCDもついていることが多いですから、そのデータをスマホに入れて通学中に聞いて学習すれば、リスニングもできるということになります。さらに、その内容を聞きながら、聞いた内容と同じ内容をすぐに話すという訓練をすれば、スピーキングの練習になります（これを「シャドーイング」といいます）。このように、英語学習にはいくらでも工夫しようはあります。

英語の学習は、単に数回、塾などの授業に出るよりも、学習習慣そのものを身につけるほうが、はるかに上達しやすいものです。英語に触れる機会を日頃の生活で確保させ、徹底的にやらせましょう。それだけで、英語は必ず上達します。

## Q 国語が苦手な子はどうすればいいですか？

A 英語と同じです。ただ、国語においては、日本語は普段から話したり読んだりしていますので、よりレベルの高いアプローチが必要となります。よって、論説文が記載された書籍をたくさん読ませ、同時に小論文を書かせることを勧めます。お子さんの興味のあるテーマに関する新書を読ませたりして、まとめさせるといった訓練をたくさん行なうとよいでしょう。それによって論理的思考力が向上していきますので、それが結果として現代文および小論文の点数アップにつながります。

国語が苦手な子の多くは、「文章の論理の骨格構造を読み取れていない」か、「語彙が難しくてわかっていない」かのいずれかの理由に帰着します。これはまさに英語と同じ。英語でも難しい・知らない語彙があれば文章を読むことはできませんし、英文をたくさん読んでいないとパラグラフリーディング（長文をかたまりに分けて捉えて、全体構造や主張を読み取る方法）ができないため、文章の論理的な骨格を捉えづらくなります。

どちらの言語も、その背景にある論理的思考力や言語操作能力を高めていくことが結果的には点数アップにつながりますので、とにかく難しい文章や言語に触れる機会を増やしてください。

なお、このようにお話ししても「本は苦手です」「読めません」というならば、正直なところ、お子さんは大学進学以外の道を探ることも考えてはどうかなと思います。

大学は古来、蔵書を保存しそれを伝達してきました。「本が読めない」ということは学問をする資格がないということであり、それは大学に入る資格がないことを表します。

スポーツなどの部活で時間がなくて、本が読めないならまだしも、ユーチューブやティックトックに費やしている時間があるならば、それを読書に充ててください。この国語対策を機に本を読む習慣を身につけさせてください。そうすれば今後の人生でどのような局面があったとしても、自分で学んで自分で問題を解決していける人間になると思います。

## Q　総合型選抜・公募推薦の塾の選び方は？

**A**　本書では、アピール入試の対策に多くのページを割いて解説してきました。しかし、正直に申し上げると、親御さんが大学教員でない限り、各学部に合った志望動機かどうかを確認したり、小論文を添削したりするのは至難の業だと思います。
高校の先生に指導を仰ぐという方法もありますが、大学の学問のことについてはよくわかっていない先生が多いですし、昨今は働き方改革で労働時間が減っているため、1人1人の面倒を見てくれるほど時間のある先生は少なくなっているように見受けられます。

こうしたことを踏まえると、アピール入試に本気で取り組む場合には、それに強い塾を検討するのも一案だと思います。そこで合格につながりやすい対策を短期間で効率的に学んだり、わからないところを相談したりすれば、大変な受験期間を心強く乗り切ることができるでしょう。

では、どのような塾を選ぶとよいのでしょうか。以下にポイントを羅列します。

1 学問的な探究指導ができる
2 小論文指導ができる
3 英検対策ができる
4 評定平均対策ができる
5 志望校選びのための受験情報を豊富に持っている
6 過去問対策ができる
7 グループディスカッション・面接指導ができる
8 アピール入試専門である
9 講師が社会人である

10　マンツーマンである
11　合格保証がある

これらのポイントを、一部、あるいは全部満たした塾がよいでしょう。

この中で、1～7については、本書を読んだ親御さんであればその必要性を容易に感じられるかと思います。ですからここでは、8～11について解説しましょう。

まず、8の「アピール入試専門である」ということについてですが、塾には総合型選抜・公募推薦などのアピール入試を専門にしている塾と、一般およびアピール入試の両方をやっている塾があります。このときに、「アピール入試専門」のほうを選んでいただきたいのです。

なぜなら、後者の塾は、一般入試対策が中心で、その「ついで」に総合型選抜の指導をしているところが多いからです。こうした姿勢の違いは、小論文指導と評定平均対策、そして書類作成で、大きな違いとなって現れます。

まず、小論文指導です。一般入試対策の塾には、先生自身が大学生という人も多くいます。こうした大学生はほぼ一般入試での合格者で、小論文で試験を突破した経験がないことがほとんどです。そうした先生に小論文指導を求めても、無理というものです。
また、評定平均対策という点でも、一般入試を重視するために、評定平均は捨てるよう指導する傾向にあります。

さらに書類作成においては、学問的な探究の重要性を理解しておらず、探究指導もできないはずです。実際、志望理由書も本人の言葉ではなく、大学のウェブページに記載されているようなことをコピペで書かせるような指導が散見されます。それが結果に大きく関わってくるのです。

そもそも、一般入試とアピール入試は、戦略上相容れないことが多く、両立が難しいものです。よって、両方対策を行なうと二兎を追う者が一兎をも得ない結果になりやすいので、理系でない場合には、どちらかに集中すること。そして、それ専門の塾に通うことが大切です。

次に9の「講師が社会人である」についてです。8とも関連しますが、大学生がこの受験の指導をするのは非常に難しいと思います。

塾で講師をしている学生のほとんどは、大学1年生か2年生です。つまり、研究らしい研究はしたことがないが、卒論や就活の時期でもないので時間があるために、塾でアルバイトをしている、というパターンです。いざ卒論のための研究が本格的になれば、バイトをしている余裕がなくなるため、ほとんどの学生は塾からいなくなってしまいます。こうした背景の大学生では、探究活動や小論文の指導はできません。

最低でも大学院以上、できれば社会人のプロに任せたほうが安心です。

また、多くの大学生は厳しい面接も経験したことがないため、その指導は難しいでしょう。就活で一度は経験している社会人のほうが、的確なアドバイスができる傾向にあります。以上のことから、学生ではなく社会人のプロが講師をしている塾に頼ったほうがよいでしょう。

次に、10の「マンツーマンである」についてです。この入試においては、対策すべき内容は、生徒のレベルや志望大学・学部が求める内容によって異なります。そのため、集団化が難しいのです。

よって、塾に通う場合はマンツーマンの個別指導がある塾をお勧めします。

最後に、11の合格保証についてです。合格の水準を明示し、そのためにやるべきことをやらせられる塾だけが、この合格保証を提示できます。保証があるかどうかは、その塾の指導力を見る際の１つの基準となるでしょう。

当塾では、保証基準をクリアした生徒は２０２０年度は１００％、２０２１年度は95％の確率で志望校に合格しています。ぜひ塾選びの選択肢の１つに入れていただければと思います。

プロに頼むということは、困ったときの相談相手がいるということです。受験期はただでさえ、ストレスやプレッシャーがかかります。そうした心理的な負荷を下げてくれることにもなるでしょう。

# おわりに

「いい大学に入れば人生もよりよくなる。だから受験勉強は頑張ったほうがいい。そのために、偏差値を上げなさい」

これが、今までの大学入試の常識でした。私自身も、高校の先生や親から同様に言われ、受験勉強をしてきました。その結果、私は日本で最も偏差値の高い東京大学に入りましたが、その後社会人として働く中で、1つの真実を発見しました。それは、

「偏差値が高いということと、社会で活躍できることはイコールではない」

ということです。むしろ、偏差値が高く、なまじ頭がいいゆえに、社会に出てから煙たがられ、疎まれる存在になってしまっている人もたくさん見てきました。

例えば私の友人に、東大卒業後に一流の金融機関に就職した人がいます。彼は偏差値は日本最高クラスですが、会社での人間関係がうまくいかず、左遷され、うつ病になり、最終的に退職して、ニートになってしまいました。

反対に、偏差値が低くても社会人になってからバリバリ活躍している人はたくさんいます。私の友人には、たくさんお金を稼ぎつつ社会的な名声も得て、物心共に豊かな生活をしている社長が多くいます。彼ら・彼女らの中には高学歴者もいますが、偏差値的には決して高くのない大学出身の人のほうがはるかに多いです。

つまり、偏差値を上げることは、一般入試の合格においては意味がありますが、社会で活躍することには必ずしも結びつかない、というのが私が見てきた現実なのです。

社会に出てから活躍できる人は、２つの能力を持っています。１つが、学力に代表されるＩＱ、そしてもう１つがコミュニケーション力に代表されるＥＱです。そして一般入試はこのＩＱの部分しか評価ができません。しかし、このＥＱのほうが、社会で活躍することにおいても、豊かな人生を手に入れることにおいても重要である、と断言できます。

このことは科学的にも示されています。アメリカの書籍『Emotional Intelligence 2.0』では、業界、市場、役職を問わずＥＱが１ポイント上がるごとに、年収が１３００ドル（約17万円）上がると報告されています。

にもかかわらず、多くの高校生が一般入試の勉強をして、偏差値に代表されるＩＱばかりを伸ばしています。一般入試が大学受験の王道であった以上、高校の教育も一般的な塾や予備校の指導もＩＱ偏重型の偏差値アップ教育に終始してきたわけです。これは、非常にもったいないことだと思います。

世界経済が発展し、産業の中心が、ものづくりからサービス業に変わっていくと、それに伴い人材に求められる能力は変わります。

すでに答えがわかっていることをキャッチアップする能力よりも、創造的なものや解決策を立案・発信し、周囲の人と協力しながら解決に向けて動いていく能力が、今の若者には求められています。ＡＩの台頭とともに、その傾向には拍車がかかるばかりです。にもかかわらず、これまでの大学受験はそのような若者を養成することに全く対応していませんでした。

そう考えていくと、今回の大学入試改革は、そのよい解決策になるのではないでしょうか。私が思うにこれからは、「答えのないものに対して、自分なりの答えを見出し、それが正解であると相手に認識させる力を養うこと」が必要になると考えています。

わかりやすくいうと、これまでの「すでにわかっている正解を覚えこませる」教育とは対照的に、これからの教育は「自分だけの答えを相手にとっての正解にする」ことが求められてくるのです。

そのためには、それぞれの高校生が持っている偏差値以外の強みや経験、魅力といったダイヤの原石を発掘し、光らせ、論理的かつ適切なストーリーで相手に示す必要があります。その点で、現在拡大中のアピール入試対策はこの力を養うのにうってつけなのです。

本入試では、アピールする相手が大学教員であることから、探究や研究の側面を多く打ち出すことが必要です。しかし、一度この入試で要領をつかめば、相手が社会人や会社役員となる就活でも、相手が外国人となるグローバル経済でも、十分に結果を残せる人材になれると私は信じています。この入試をきっかけに、一回り成長した学生が多く輩出されることを切に望みます。

最後になりますが、本書を読んでアピール入試に興味を持った方や、ご自身のお子さんに最適な受験戦略を知りたいと思った方は、ぜひ一度ホワイトアカデミー高等部の無料相談会をご利用ください。偏差値50程度の高校生が、上智大学や慶應義塾大学などの上位大学に合格するその実態を、体感いただけるものと思います。

例年、高3になってから動き出す親御さんは多いですが、その時期にはもう評定対策や英検対策をする時間がなく、選択肢も限定的になります。

そうなる前にアピール入試についての展望を持っていただくことを強く勧めながら、本書をここで締めくくろうと思います。

## 竹内 健登（たけうち・けんと）

総合型選抜指導のプロ。東京大学工学部卒。自身の受験時は倍率35倍の東京工業大学の特別選抜入試にも合格し、国立大学にダブル合格した。

「地方から関東・関西の有名大学に挑戦したい」「部活動で忙しいけど進学もしたい」「留学していたので帰国枠入試を受けたい」など、有名進学塾では対応していない悩みにもフルサポートで対応する、総合型選抜・公募推薦の専門塾ホワイトアカデミー高等部を経営。

「模試でD判定だった早慶に逆転合格」「評定3.8が4.1に上がり、上智に合格」「通信制高校からMARCHに合格」など喜びの声多数。

著書には、『子どもを一流ホワイト企業に内定させる方法』（日経BP）などがある。

# 勉強嫌いな子でも<br>一流難関大学に入れる方法

2023年4月 3 日　　第1版　第1刷発行
2023年4月21日　　第1版　第2刷発行

著　者　　竹内健登
©Kento Takeuchi, 2023
発行者　　中川ヒロミ
発　行　　株式会社日経BP
発　売　　株式会社日経BPマーケティング
〒105-8308　東京都港区虎ノ門4-3-12
https://bookplus.nikkei.com/
装　丁　　井上新八
装丁イラスト　　山内庸資
本文デザイン・制作　　マーリンクレイン
編　集　　宮本沙織
印刷・製本　　中央精版印刷株式会社
ISBN978-4-296-00151-4